Überraschungen, Kontraste, Abenteuer: Schottland ist mehr als die Klischees von baumstammwerfenden Recken in Karo-Röcken, dudelsackspielenden Farmern, Nessie im Loch und dem Nationalhelden Rob Roy. Denn die Grenzen zwischen Stereotyp und Wirklichkeit sind fließend wie die zwischen gestern und heute. Sie zu erforschen ist eine Herausfordung, auch für MERIAN.
Highlands, Hebriden, Stadtlandschaften: Autoren und Fotografen haben das Land per Bahn, Bus und Fähre, mit dem Flugzeug und zu Fuß erkundet. Allen voran Jordis Schlösser und Reiner Luyken. Die Highlands erlebten sie als Gipfel der Romantik, die Küstenstriche als wilde Gestade und die vielen Castles als Kindheitsträume von Burgen. Der schottische Autor Tom Bruce-Gardyne und Thomas Gebhardt bereisten die Hebriden und beschreiben sie als menschliche Außenposten in stürmischer See. Schriftsteller Des Dillon porträtiert, sehr persönlich, seine Heimatstadt Glasgow. Er sieht sie so cool und extrem, dass der Unterschied zur in sich ruhenden
Edinburgh – Hochburg der Kultur
Pitchen, Putten oder di hert
suchte und fand die schot
Volks- und Arbeitersport is r-
voll, herzlich und auskunftsf bei
Wind und Wetter auf den Gr Denn Schottland macht leidenschaftlich. Und wirft Fragen auf: wie Biotechnologie, Trainspotting und Malt Whisky sich zu einem Gesamtbild dieses Landes fügen? Antworten in diesem Heft.

Ihre MERIAN-Redaktion

Des Dillon, Schriftsteller und Filmemacher, beschreibt seine Heimatstadt Glasgow (S. 36)

Jordis Schlösser und Reiner Luyken fuhren 5000 km quer durch Schottland (S. 12)

Thomas Gebhardt, Redakteur dieses Hefts, sah sich auf den Hebriden um (S. 118)

Sonderheft „MS Europa“
Vom Zauber der Kreuzfahrten, vom Luxus an Bord und faszinierenden Landgängen in Kapstadt und Manaus berichtet das neue MERIAN extra. Jetzt im Handel

Whisky-Lounge
Abstimmen und gewinnen: 72,6% der MERIAN-Website-Besucher entschieden sich in einer Umfrage für Single Malt, gegen Blended Whisky. Mehr auf S. 145 und unter www.merian.de/lounge

790 Inseln, davon **130** bewohnt, **70** Naturschutzgebiete, **1732** Seen, **284** Munros – Gipfel über 3000 Fuß (914 Meter), **100** Highland Games, **66320** gälischsprachige Einwohner, **700** Golfplätze, **10140** Kilometer Küstenlänge, **3000** Jahre alter Baum in Fortingall nahe Loch Tay, **2** Minuten Flugzeit von Westray nach Papa Westray (kürzester Linienflug der Welt)

INHALT SCHOTTLAND

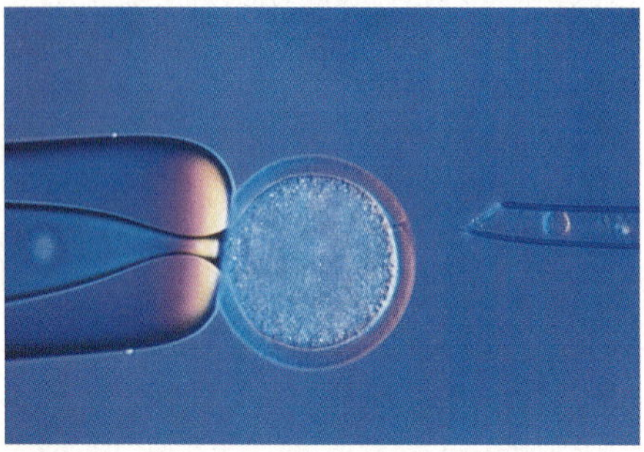

MERIAN SERVICE

Text: Dorothea Fröhlich-Kretzschmar, Internet: Till Bartels

Die Koordinaten hinter den **MERIAN**-Adressen verweisen auf die Planquadrate der großen **MERIAN**-Ka

52 Single Highland Malt ist ein Genuss für alle Sinne

Titel: Die Ruine von Kilchurn Castle am Loch Awe fotografierte John Lawrence

RÜCKSCHAU

Grenzfall

Der Hadrian's Wall wird häufig, aber nicht korrekt als englisch-schottische Grenze bezeichnet. Nirgendwo berührt der 117 Kilometer lange römische Limes, der sich durch das englische County Northumberland zieht, den heutigen Grenzverlauf. Nachdem es den Römern nach wiederholten Vorstößen nicht gelungen war, in Schottland Fuß zu fassen, ordnete Kaiser Hadrian im Jahre 122 die Sicherung des nördlichen Außenpostens an. 14 Jahre lang bauten Legionäre an der teils aus bis zu fünf Meter hohen Mauern, teils nur aus Erdwällen bestehenden Befestigung. Das archäologische Weltkulturerbe, auf weiten Strecken gut erhalten, schlängelt sich von Küste zu Küste. Ab Sommer 2002 wird ein Fernwanderweg den Wall säumen – und in Museen und Ausgrabungsstätten die britische Römerzeit wiedererweckt **D-F 10**

Grüne Grenze: Einst war am Hadrian's Wall das Römische Reich zu Ende

Schiffe versenken

In der Bucht von Scapa Flow zwischen Mainland Orkney und den südlichen Inseln des Archipels mussten die Alliierten an einem Junitag 1919 zusehen, wie ihre deutsche Kriegsbeute in den Fluten versank. Seit November 1918 war die kaiserliche Flotte dort interniert. 4700 Marinesoldaten saßen fest, abgeschnitten von der Außenwelt und auf den Abschluss des Versailler Friedensvertrages wartend. Als sich die Unterzeichnung verzögerte, vermutete Konteradmiral Ludwig von Reuter erneuten Kriegsbeginn und gab den Befehl zur Selbstversenkung der Flotte, um sie nicht dem Feind preiszugeben. 74 Schiffe gingen unter, 4700 Matrosen und Offiziere ruderten an Land. Mit der Bergung der Schiffe wurden Millionen verdient. Gleich zu Beginn des Zweiten Weltkriegs ereilte das britische Kriegsschiff „Royal Oak" in der Bucht ein gleiches Schicksal. Mit 824 Mann an Bord wurde es im Oktober 1939 von einem deutschen U-Boot versenkt. Scapa Flow ist für Wracktaucher bis heute ein Dorado **F 2**

Kaisers stolze Flotte tauchte vor den Orkneys ab

Einwanderungsland: Der Schotte ist Angelsachse und Ire

Back to the roots

Vier Volksstämme dominierten das heutige Schottland: die Angelsachsen sowie die keltischen Stämme der Pikten, Britonen und Skoten („Scots"). Diese späteren Namensgeber der Nation waren im 3. und 4. Jahrhundert n. Chr. aus Irland eingewandert und siedelten an der Westküste. 843 gelang es ihnen, die seit mehr als 1000 Jahren herrschenden Pikten zu unterwerfen und in das Königreich Scotia zu integrieren. 200 Jahre später gehörten auch Angelsachsen und Britonen dazu – Geburtsstunde der Nation. Herausragende keltische Eigenschaft ist der sprichwörtliche Familiensinn – nur so konnte sich das schottische Clanwesen entwickeln. Das Wort *clann* bedeutet „Kinder" und stammt aus dem Gälischen. Clans bildeten im Lauf von Jahrhunderten ein Netzwerk an Loyalitäten, ebenso eine Schutz-, Raub- und Sozialgemeinschaft, die zur Keimzelle des Widerstands gegen England wurde

DIE VIELFALT DER SCHOTTISCHEN WHISKY REGIONEN:

DIE SECHS CLASSIC MALTS

TALISKER, 10 Jahre gereift

Der Classic Malt aus der einzigen Destillerie auf der Insel Skye. Tiefer, süß-malziger Geschmack, verlockend weich mit schnell sich steigernder Fülle. Großer, langanhaltender warmer Abgang, dramatisch wie ein Sonnenuntergang auf Skye.

CRAGGANMORE, 12 Jahre gereift

Der Classic Malt aus der Region Speyside. Gehaltvoll und kräftig und sehr elegant. Die langen Jahre im Holzfaß geben ihm viel Körper mit einer ausgeprägt malzig-rauchigen Note und einen Anklang von Sandelholz.

OBAN, 14 Jahre gereift

Der West-Highland Classic Malt vom Meer. Er hat eine deutliche Note frischen Torfes und zeigt seine Nähe zum Meer, aber ohne die typische Schwere der Islay Whiskies.

DALWHINNIE, 15 Jahre gereift

Der Highland Classic Malt aus der am höchsten gelegenen Brennerei Schottlands. Ein besonders feiner und milder Malt mit würzigem Bukett, dem typischen leichten Torfcharakter des Hochlandes und dem Duft von Heidekraut.

LAGAVULIN, 16 Jahre gereift

Der Classic Malt von der Insel Islay. Dramatischer und komplexer als alle anderen. Torf, Rauch, Erde und Meer gehen eine einzigartige Verbindung ein, erschaffen seinen mächtigen und robusten Charakter. Ein Single Malt für den erfahrenen Whisky-Genießer.

GLENKINCHIE, 10 Jahre gereift

Der Classic Malt aus den Lowlands. Dem leicht malzig-süßen und zart fruchtigen Geschmack der typischen Lowland Malts fügt der Glenkinchie eine trockene und rauchig-würzige Note hinzu. Er öffnet sanft und angenehm den Zugang zu der Welt der Single Malts.

SECHS REGIONEN. SECHS CHARAKTERE. SECHS CLASSIC MALTS.

Wer bereits verschiedene Single Malt-Whiskies probiert hat, weiß um die Vielfalt der Sinneseindrücke, die diese bieten. Das Geheimnis liegt in der Unterschiedlichkeit der schottischen Landschaft: sanfte Hügel, schroffes Gebirge, stille Seen, tosendes Meer, fruchtbare Äcker, wildes Heideland. Mit den sechs Classic Malts wird der Whisky-Genuß zu einer wunderbaren Entdeckungsreise durch die sechs klassischen Whisky-Regionen Schottlands.

Eine echte, pure Freude.

CLASSIC MALTS OF SCOTLAND

Mehr Informationen: www.classic-malts.de

Naturkost

Kristallklar und kalt sind Schottlands Flüsse und die zahlreichen Lochs. Seit Urzeiten fühlen sich darin Lachse wohl und wachsen zu wahren Prachtexemplaren heran. Handfiletiert, in Meersalz gepökelt und über den Eichenspänen ausrangierter Whiskyfässer geräuchert ist das feine, zarte Fleisch eine Delikatesse. Lachsfarmen an der Küste decken die hohe Nachfrage – doch wegen der Massenzucht sind sie wiederholt in Verruf geraten. Wer auf der Speisekarte oder in einer der Räuchereien an der Westküste *Wild salmon* entdeckt, sollte deshalb zugreifen. Der kraftvolle, wilde Fisch ist alles andere als fett! Für Angler: Lachssaison ist von Ende Februar bis Ende September

***Haggis*, Arme-Leute-Essen früherer Zeiten, kommt heute als Spezialität auf den Tisch**

Magen für den Magen

Böse Zungen behaupten, Burns Supper am 25. Januar sei nur ein guter Vorwand für ein gnadenloses Besäufnis. Noch zynischere Zeitgenossen sagen, nirgendwo werde Burns' Geburtstag ausgiebiger gefeiert als in Amerika. Tatsache ist, dass das Wiegenfest des trinkfesten Dichters zu den wichtigsten Daten im schottischen Kulturkalender gehört und als Event der Extraklasse gefeiert wird. Eine Hauptrolle spielt dabei *haggis*, eine im Schafsmagen servierte Spezialität aus Innereien und Hafermehl. Die Burns'schen Verse des „Address to a Haggis" begleiten das Mahl des „Great Chieftain o' the Pudding Race". Am leichtesten lässt sich *haggis* mit einem kräftigen Schluck Whisky hinunterspülen

Edles aus Horn

Porridge, heißt es, muss im Uhrzeigersinn gerührt und dann mit einem Hornlöffel gegessen werden. Horn, ein weiches, gut formbares Naturmaterial, wird in Schottland seit Jahrtausenden verarbeitet. Früher galt es als wertvoller Tauschartikel, heute werden nicht nur Griffe, Kämme und Schuhanzieher aus dem seidig schimmernden Material hergestellt: Schlichte oder von keltischen Formen inspirierte Eier-, Marmeladen-, Salz- und sogar Kaviarlöffel findet man zum Beispiel in dem idyllisch am Loch Alvie gelegenen Familienunternehmen Speyside Horn in Aviemore (Speyside Horn, The Rowan Tree, Aviemore, Tel. (01 47) 81 15 03) **E 5**

Shortbreads, schottische Butterkekse, zergehen auf der Zunge

Alles in Butter

Von der Dorfbäckerei zum Konzern: Die Shortbreads von Walkers of Aberlour werden in 60 Ländern, vor allem aber in Japan und den USA gegessen. Schottische Hausfrauen schwören auf eigene Keksrezepte, denen eines gemeinsam ist – mindestens 30 Prozent Butteranteil sorgen für den zarten Geschmack. Ehrensache, dass auch die Walkers noch immer nach dem Familienrezept von 1898 und mit Butter backen. So gut übrigens, dass Prinz Charles von dem schottischen Traditionsunternehmen seine biologischen Haferplätzchen herstellen lässt

Paperweights, Briefbeschwerer, sind begehrte Sammlerobjekte

Farbspiele

Paperweights sind Träume aus Glas. Stilisierte Blumen blühen in prallen Farben. Licht lässt die Einschlüsse leuchten. Briefbeschwerer aus Schottland sind Unikate mit Charakter. In limitierten Auflagen werden Paperweights zu Sammlerobjekten. Blumen oder keltische Knoten in Glas finden sich in den Kunstwerken der Manufakturen Perthshire Paperweights, Caithness Glass und Edinburgh Crystal (Crieff Visitor Centre, Muthill Rd., Crieff, Perthshire PH7 4 HQ)

Wetterfest

Rubberised cotton heißt das Geheimrezept der „Macs": eine Erfindung von 1823, bei der zwischen zwei Schichten Baumwolle eine Lage Gummi geklebt wurde. „ Macs" traten vom schottischen Perthshire ihren Siegeszug um die Welt an. Bis heute hat sich an dem Verfahren nichts wesentliches geändert. „Mackintoshs" werden in vielen Qualitäten, Formen, Längen und unterschiedlichen Futterstoffen gefertigt. Sie gelten als exklusivste Regenmäntel aller Zeiten. Das hat seinen Preis: gut 250 £ für Capes und Trenchcoats – einfache Regenhäute sind ab 40 £ zu haben. Wer per Postversand (Rainmac Ltd., West Street, Midhurst, West Sussex GU 29 9NF, Website: www.rainmac.com) bestellt, wird auf Wunsch mit einem Exemplar zum Anprobieren beliefert

Trittsicher

Möglich, dass die Briten ein beinahe erotisches Verhältnis zu ihren Gummistiefeln haben. Sind diese obendrein grün und duften nach Latex, wird eine lebenslange Liebe daraus. Echte *wellies* werden in Schottland handverklebt und sind nicht nur Synonym für das Wort „Gummistiefel", sondern auch Überlebensstrategie bei jedweder feuchten Witterung – im Gartenmatsch oder beim Spazierengehen mit den Hunden

Bei Wind und Wetter: *wellies* sind mehr als Gummistiefel

Farbenfroh

Rund 700 Variationen des tropfenförmigen Musters sind im Paisley Museum auf hauchzarten Seidenschals, fein gewebten Baumwollstoffen sowie in alten Musterbüchern zu bewundern. Seit 1905 werden die wertvollen Schals in Paisley gesammelt: Auf Webstühlen wird die traditionelle Handwerkskunst der Weber demonstriert (Paisley Museum and Art Galery, Paisley, 10 km westl. Glasgow, High Street, Mo-Sa 10-17 Uhr) **C/D 8**

Paisley-Muster: im 18. und 19 Jahrhundert in unzähligen Variationen

Bundeswertpapiere
verschaffen neue Eindrücke.

Burgen, Berge und Seen, Karomuster und Dudelsack: In Britanniens Norden liegen Klischee und Wirklichkeit nah beieinander – wie Vergangenheit und Gegenwart

Text: Reiner Luyken, Fotos: Jordis Schlösser

Schottische Sinfonie

Ardvreck Castle am Loch Assynt hat seit der Erbauung um 1590 viele Herren gesehen, bevor es verfiel

Hier rockt das Leben

Wenn die Keltische Gesellschaft auf das Castle von St. Andrews lädt, dreht sich alles um Rhythmus und Schrittfolge

Alle Weite der Welt

Montrose, ein Städtchen an der Ostküste, ist berühmt für seinen langen, gezeitenabhängigen Strand

Suchen und finden: Nach jedem Sturm picken Möwen im angespülten Tang nach Futter

Wartestand: Rolls-Royce mit Chauffeur

Eiszeit: an der Firth of Forth Bridge

Archaische Urviecher: Hochlandrinder bleiben sommers wie winters im Freien

Meer umschlungen: Sonntags zieht es die Studenten von St. Andrews an den Strand

Schuluniform: mit Schlips ins Leben

Auch menschlich ganz groß

Kenneth MacLennon aus Achiltibuie ist eins mit der Natur: im Herbst wird geschlachtet, im Frühjahr kommen die Lämmer

Natur im Überfluss

Loch Tummel, ursprünglich viereinhalb Kilometer lang, wurde durch den Bau eines Staudamms auf elf Kilometer Länge vergrößert

Die Tradition bekennt Farbe

Studenten des St. Mary's College in St. Andrews: Auch beim Spaziergang zur Kathedrale tragen sie Rot

Mit sich und der Welt im Reinen

Versteckt wie eine Perle: Das Fischerdorf Dornie am Loch Duich nahe der Isle of Skye sagt den meisten nichts und wenigen alles

Netzeflicken vor und nach jeder Fangfahrt

Hoch zu Ross wird St. Andrews mit St. Rule's Tower und Kathedrale zur Kulisse

Englischer Rasen auf schottischen Plätzen: Pavillon am Old Course of St. Andrews

Insignien der Pubkultur: Billard und Pint

Fischers Nachwuchs mit Schwimmweste

Kathedrale von Elgin, im Mittelalter „glory of the kingdom“

Riding the iron rooster: Züge auf der West Highland Line passieren Berge, Flüsse, Moore und bieten grandiose Aussichten

Landschaft als Rausch

Kurz hinter Carlisle knackt die Lautsprecheranlage. „Hier spricht Ihr Zugführer. Wir überqueren jetzt die Grenze nach Schottland."

Eine Grenze? Muss man seinen Pass zücken? – Das nicht. Die Markierung ist ein kleines Flussbett. Die Weiden und Hügel sehen auf der einen Seite nicht anders aus als auf der anderen. Aber wir sind in einem anderen Land, daran gibt es nichts zu rütteln. Nebelschwaden wabern durch grüne Täler. Es sind Nebel, aus denen der Königsmörder Macbeth treten könnte, oder der Schächer Deacon Brodie, verewigt von Robert Louis Stevenson als „Dr. Jekyll and Mr. Hyde."

Dann bricht die Sonne durch. Glitzert auf nassem Grün, das ganze Land blitzt wie von Perlen übersät. Der Wechsel ist abrupt. Vielleicht stimmt es: Schottland, heißt es, sei zugleich hell und dunkel, ein spannungsgeladenes Amalgam aus Kultiviertheit und im Zaum gehaltener Leidenschaft, aus Geschichtstiefe und rohem Leben. Vielleicht ist die gespaltene Seele aus der Geografie geboren, aus dem milden Golfstrom auf der einen Seite und den harschen Winden auf der anderen. Auf den Bergen herrscht noch eisiger Winter, wenn in den Tälern die ersten Rhododendren blühen.

Der Intercity passiert Lockerbie. Eine unauffällige Provinzstadt mit ordentlichen, rauverputzten Häuserreihen fliegt vorbei. Ein kurzes Rütteln der Waggonräder – und man spürt ein Schauern, den Schatten jener Dezembernacht im Jahre 1988, als die Bruchstücke eines von einer Terroristenbombe zum Absturz gebrachten Jumbojets auf die Häuser stürzten. In den Straßen saßen wie Wachsfiguren in ihren Sitzreihen festgeschnallte Tote.

Edinburgh. Der Hauptbahnhof, glasdachbedeckt wie ein riesiges Gewächshaus, liegt in einem Tal zwischen hellen Straßenzügen auf der einen und dem mittelalterlichen Häusergewirr mit dem dunklen Burgfelsen auf der anderen Seite. Hier ist die gespaltene Seele in Steine und Mörtel gemauert. In den engen Gassen und unterirdischen Gängen der Altstadt soll es spuken, dass es eine Art hat, nicht nur naiven Touristen zuliebe.

Je weiter man nach Norden vordringt, um so langsamer wird die Reise. Und weil alles so langsam geht, scheint die Zeit zum Plaudern unendlich zu sein. Schottland im Zug ist nichts für Eilige. Die Gleise winden sich landein, landaus durch Täler, über Viadukte und Bergpässe. Man sieht das Land, wie man es sonst nicht sehen kann. Die berühmte West Highland Line und die Strecke von Inverness nach Thurso führen in Gegenden, in die man nur per Bahn gelangt. Stationen gibt es, die nur ein einsames, sonst unzugängliches Jagdhaus bedienen. Die meisten Strecken führen in irgendein kleines Hafenstädtchen.

Von dort muss man wieder zurück oder sich mit einem der seltenen Busse zum nächsten Kopfbahnhof durchschlagen. Im Winter kommt es vor, dass Züge in Schneestürmen verloren gehen, auf Hochmooren, wo es keine Funkverbindung gibt. Sie kommen einfach nicht am nächsten Bahnhof an, stecken irgendwo: unterwegs.

Ein Stück nördlich von Edinburgh führen die Gleise über die große Eisenbahnbrücke des Firth of Forth. Ein Wunderwerk der Baukunst des 19. Jahrhunderts, eine Stahlkonstruktion, deren Ausleger zartgliedrig über dem Wasser schweben. Weit unten ziehen Supertanker, Yachten und Kriegsschiffe ihre Bahnen. Die Brücke, erklärt ein junger Mann, der aus dem gegenüberliegenden Abteilfenster in die Tiefe

sieht, sei ein Beweis dafür – wenn es überhaupt weiterer Beweise bedürfe –, dass die Schotten die besten Ingenieure der Welt sind. Er untermauert das Faktum aber doch mit anderen Beispielen: „James Watt: Erfinder der Dampfmaschine. John McAdam: Erfinder des modernen Straßenbaus. Alexander Bell: Erfinder des Telefons."

Der junge Mann ist von Beruf Steinmetz und unterwegs nach Elgin, wo er seine Lehrjahre mit der Befestigung der großartigen Kathedralen-Ruine zubrachte. 1244 geweiht, war sie wie die meisten Kirchen und Klöster, während der fanatischen Reformation Schottlands zerstört worden.

Die Fahrt wird zur Vorlesung über alte Handwerkskunst und über die Restaurierung der Kathedrale und der Burgen von Edinburgh und Stirling. Und über neue Kniffe. Einen Stein hoch oben im Turm der Kathedrale, erzählt der Mitreisende, habe er mit Kaugummi festgeklebt, weil kein Mörtel zur Hand war. Jedes Mal, wenn er nun nach Elgin kommt, vergewissere er sich bangend, ob der Stein noch an Ort und Stelle ist.

St. Andrews, eine hübsche Stadt am Meer, die den Namen des schottischen Schutzheiligen trägt, zählt den prominentesten Golfplatz der Welt sowie eine der ältesten Universitäten Europas zu ihren Attraktionen. Bald auch den jungen Prinz William, der hier Kunstgeschichte studieren will. Aber einen Bahnhof gibt es nicht. Man muss in Leuchars aussteigen. Mitten im Nirgendwo. Die Station ist nicht mehr als eine Stahlbrücke von einem Bahnsteig zum anderen. Ein kalter Wind bläst über das flache Land. Kampfflugzeuge steigen von einem Militärflughafen auf. Ein Taxifahrer tut so, als sei es ihm völlig egal, ob seine Dienste in Anspruch genommen werden oder nicht.

Sollen wir von der folgenden Nacht berichten? Vom Absturz in die Seelentiefen hiesiger Trunkenheit?

Schotten trinken nicht zum Vergnügen, sondern mit dem Ziel, so schnell und kosteneffektiv als möglich einen Zustand nahe der Bewusstlosigkeit zu erlangen. Stehend und zweihändig, Bier in der einen, Whisky in der anderen Hand, immer in Runden. Jede Runde führt zur nächsten, schließlich will sich niemand lumpen lassen. Dazu wird mindestens eine Schachtel starker Zigaretten pro Person verqualmt.

Der schlimmste Delinquent im Pub ist ein Dudelsackspieler. Ein dürrer Wurz, struppig wie ein Strolch, charmant wie ein Gentleman. Und ein musikalisches Genie. Erst entlockt er seinem Instrument die rasendsten Reels und Jigs. Dann preist er zu fortgeschrittener Stunde in poetischen Wendungen seine künstlerischen Lehrer und Ahnen und bejammert, was aus ihm selbst geworden sei. Um sich bis zum Rausschmiss in einen unflätig und hemmungslos fluchenden Barbaren zu verwandeln.

Es sei alles nur dem Whisky geschuldet, lauten seine zerknirschten Entschuldigungen am folgenden Tag. Der mache aggressiv. Nicht nur er leidet unter entsetzlichen Spätfolgen. Das Verdauungssystem lässt sich mit Irnbru, einer synthetisch schmeckenden Orangeade aus Glasgow, dem dritten Nationalgetränk, einigermaßen erfolgreich kurieren. Aber der Kopf scheppert wie ein Porzellankarton. Die Weiterfahrt führt über die mehr als drei Kilometer lange Eisenbahnbrücke, die den Firth of Tay quert. Weihnachten 1879 stürzte die alte Taybrücke mit – wie es in den Chroniken steht – „einem über sie hineilenden Zug in die Fluten". Die danach gebaute Brücke hält, trotz schädelzerrüttender Erschütterungen.

Umsteigen in Dundee, Umsteigen in Perth. Das Atholl Palace Hotel steht auf einem Hügel abseits von Pitlochry über der Bahnlinie nach Inverness. Es ist das vielleicht absonderlichste Hotel Schottlands. Die Übernachtung kostet nur einen Bruchteil dessen, was angesichts der baumbestandenen Parkauffahrt und des hoch aufragenden, viktorianischen Prunkpalastes zu erwarten ist. Eine Italienerin beschwert sich an der Rezeption, dass in ihrem Zimmer die Hosen eines fremden Mannes hängen. In einem Saal steht ein Flügel mit gebrochenem Bein, der einmal Richard Wagner gehörte. Es ist ein Geschenk des österreichischen Thronfolgers, verlautbart eine Widmung am Instrument. Niemand weiß, wie es hierher kam. Im Turmzimmer liegen Zeitschriften aus, in denen Charles Dickens veröffentlichte. Prächtiges Mobiliar steht neben groteskem Schund. Das Personal hat all den Flair vergangener Tage. Der Oberkellner breitet Gästen mit großartiger Geste die Serviette über die Knie.

Am nächsten Tag gibt es fast nur noch Natur. Nördlich von Pitlochry die Berge der Highlands. Eine atemberaubend schöne Landschaft zieht sich bis an die steinharte Küste des Nordens und bis zu den tief ins Land züngelnden Fjorden des Westens hin. Inverness – Kyle of Lochalsh.

Ein alter Mann sitzt im Zug, Donnie Fraser heißt er, der „seit 1000 Jahren hier lebt", ein Gesicht wie eine Felswand und Pranken wie ein Löwenbändiger hat. Er trägt ein Barett auf dem Schädel. Ein stolzer Schotte auch er und ein intellektueller Autodidakt. Die Frage, die ihn umtreibt, lautet: „Wie kann es angehen, dass ein Mensch einen Berg besitzt?"

Quadratkilometer um Quadratkilometer wilder Landschaft vor den Fenstern. Und jedes Ar gehört jemandem. Einigen hundert Landlords:

Wohnzimmer Pub: Im Chili Palmers trifft sich die Jugend von Inverness

Manche besitzen ganze Bergketten. Und wenn so einem Landlord das Geld knapp wird, wie John MacLeod of MacLeod, dem Clan-Obersten der MacLeods, dann bietet er eine solche Bergkette zum Verkauf an. Das will meinem Gegenüber nicht in den Schädel. Die Black Cuillins – so heißen die Gipfel, die jener MacLeod feilbot – „gibt es seit Anbeginn der Zeit. Die Hirsche und die Schafe wandern frei darauf herum. Was ist ein Mensch, dass er sagen kann, das gehöre ihm?"

Kyle of Lochalsh und Mallaig, der Endbahnhof der West Highland Line, sind nur 30 Kilometer voneinander entfernt. Es dauert einen halben Tag, die Distanz zu überwinden. Von Kyle of Lochalsh per Bus auf die Hebriden-Insel Skye, durch Skye nach Armadale und von dort mit der Fähre nach Mallaig. Zehn, zwölf Passagiere kämpfen auf dem Bahnsteig gegen Windböen an, schütteln im Zug den Regen aus ihren tropfnassen Mänteln.

Auf dem Fensterplatz gegenüber blickt eine in lila Wollrock und blaulila Pullover gekleidete Dame hinaus in den grauen Nachmittag. „It's a dull day", sagt sie monoton, „ein trüber Tag."

In Glenfinnan schlagen die Gleise auf einem imposanten Viadukt einen weiten Bogen über das Tal. Die Dame in Lila springt auf und presst ihr Gesicht an die Scheibe. Dann dreht sie sich um und sagt mit Tränen in den Augen: „An dieser Stelle laufen mir immer die Augen über. Sehen Sie das Denkmal dort unten? Dort liegt die Seele meiner Vorfahren begraben. Das ist der Ort, an dem Prinz Charles 1745 das letzte Aufgebot der Jakobiter sammelte und gegen Derby zog."

„Das ist ziemlich lange her."

„Ach ja, aber für mich ist es wie heute. Wenn mir alles über den Kopf wächst, die Hektik der Stadt, all diese Probleme, dann fahr' ich mit der Bahn nach Mallaig. Ich bin früh um 8.10 in Glasgow in den Zug gestiegen. Abends um acht bin ich wieder zu Hause. Dann hat sich vieles geklärt."

Wir sprechen über Glasgow, die alte Industriestadt, die gern so tut als sei sie hip. Wir reden über die langen Nächte des Nordens und über die Wirkung von Licht und Schatten auf das Gemüt. Und schon fährt der Zug quietschend in Queen Street Station ein. Die Dame in Lila entschwindet beschwingten Schritts im Menschengetümmel des Bahnhofs. Die Fahrt hat ihren Zweck erfüllt. Nicht nur für sie.

Reiner Luyken, *Theodor-Wolff-Preisträger und Korrespondent der* ZEIT, *lebt in /Schottland.*
Jordis Schlösser, *Mitglied der* Agentur Ostkreuz *und World Press Photo-Preisträgerin 2001, lebt als freie Fotoreporterin in Berlin. Für* MERIAN *arbeitete sie zuletzt in Schweden (06/2001).*

MERIAN TIPP BAHN

PER BAHN DURCH SCHOTTLAND

SONDERTARIFE

Freedom of Scotland Travelpass, erhältlich an größeren Bahnhöfen, Infos unter Telefon (084 57) 55 00 33 Ideal für Reisen in den Highlands und auf den Hebriden. Tickets für 4 frei wählbare Reisetage innerhalb von 8 Tagen oder für 8 Reisetage innerhalb von 15 Tagen. Ein 4-Tage-Ticket kostet Mai-September 79 £, sonst 69 £, das 8-Tage-Ticket 99 £ bzw. 89 £. Die Pässe gelten für das gesamte schottische Bahnnetz (inkl. Intercity-Züge zwischen Carlisle und Schottland), für fahrplanmäßige Fährverbindungen an der Westküste (mit Caledonian MacBrayne, Strathclyde PT) sowie für ausgewählte Citylink-Busverbindungen (z.B. Oban-Inverness, Wick-Thurso) und Glasgows U-Bahn

Central Scotland Rover (erhältlich wie oben) Das Ticket kostet 29 £ und gilt an 3 frei wählbaren Tagen innerhalb einer Woche zwischen Edinburgh, Glasgow Queen Street, North Berwick, Bathgate, Stirling, Falkirk und allen dazwischen liegenden Stationen. Freie Fahrt in Glasgows U-Bahn

BritRail Flexi Pass, nur vor der Anreise bei Britain Direct, Tel. (062 22) 67 80 50, E-Mail: britain.direct@t-online.de, www.britaindirect.com Der Pass kann für frei gewählte 4, 8 oder 15 Tage innerhalb von zwei Monaten bestellt werden. Ermäßigt für Kinder und Jugendliche. Gültig für alle planmäßigen BritRail-Züge, Tickets von 387 DM/ 197, 87 Euro (4 Tage) bis 852 DM/ 435, 62 Euro (15 Tage)

ROUTEN

Infos unter Tel. (084 57) 55 00 33 oder 48 49 50 E-Mail: enquiries@scotrail.co.uk, www.scotrail.co.uk, allgemein gilt: Sonderpreise bei Vorausbuchung, nach Saver-/Super Saver-Tickets fragen (z.B. Inverness-Aberdeen-Edinburgh, Hin- und Rückfahrt für etwa 35 £)

West Highland Line Strecke mit mehr als 100jähriger Tradition; passiert Moore, Gebirgskämme, Schluchten, Flüsse und Lochs (u.a. Loch Lomond) und überquert den Glenfinnan Viadukt. Eine Fahrt von Glasgow nach Mallaig dauert gut 5 Stunden, ab 40 £, Glasgow-Oban 3 Stunden, ab 22 £ Fähranschluss: von Mallaig und Oban auf die Hebriden, Colonsay, Mull

Far North Line Abenteuerliche Fahrt durch unbesiedelte Landstriche, streckenweise an der Küste entlang. Inverness-Thurso/Wick dauert 3,5-4 Stunden und kostet etwa 20 £. Fähranschluss: von Thurso auf die Orkneys

Kyle Line Bergige Route von Inverness nach Kyle of Lochalsh für etwa 24 £. Am Ende der 2,5-stündigen Tour schöner Blick auf Plockton Bay mit weißen Häuschen und Palmen. Fähranschluss: von Kyle of Lochalsh Brücken- und Fährverbindung zur Isle of Skye

Weitere Verbindungen Edinburgh-Inverness. Fahrtdauer etwa 3 Stunden. Inverness über Aberdeen auf der Küstenstrecke nach Edinburgh etwa 5 Stunden

➤ Karte mit Routenverlauf siehe S. 139-41

De Luxe Scotch Whisky

24-h-Infoline: 0 18 03/607 777 (DM 0,08/Min.)

607

PEUGEOT

Highlands und Schlösser, heroische Krieger und schrullige Käuze – das sind die gängigen Leinwandbilder. Doch spätestens seit „Trainspotting“ blickt eine neue Generation von Regisseuren und Schauspielern hinter die Klischees

Junge Helden hat das Land

Text: Georg Seeßlen

Schottland ist ein verdammt schönes Land. Wer einmal da war, hat einen gewaltigen Panoramaschwenk über die Küsten zu den Highlands im Kopf, von den Clyde-Ufern zu den schmutzigen Industriebauten, dann über tiefe, ruhige Seen, zu finsteren Schlössern, in denen ein paar Gespenster nicht überraschen würden, bis zur Küste zurück, wo gerade die Sonne auf eine Weise untergeht, dass es dem hartgesottensten amerikanischen Kapitalisten das Herz herumdreht wie Burt Lancaster in „Local Hero“.

Der Film von Bill Forsyth kam 1983 in die Kinos und wurde der größte internationale Erfolg eines schottischen Films, erst 14 Jahre später übertroffen von der Junkie-Geschichte „Trainspotting“. Darin ist Schottland ein verdammt hässliches Land: Kein melancholischer Sonnenuntergang, kein sanfter Wind über dem Hochland, stattdessen die ekelhafteste Toilette, die man in Edinburgh finden konnte. Die Highlands verschwinden, die Helden ziehen sich immer weiter in die Stadt, in ihre Wohnung und schließlich in sich selbst zurück. „Trainspotting“ hat das Bild von Schottland verändert.

Was gab es vorher? Schaurige Geschichten von Verrat und Mord, wie in René Clairs „The Ghost Goes West“ (1935). Das Ungeheuer von Loch Ness, das in Billy Wilders „Das Privatleben des Sherlock Holmes“ (1970) als bizarre Waffe des britischen Geheimdiensts enttarnt wird. Helden in karierten Stoffen, furchtlose Kämpfer im Kilt, wie Hollywood sie träumte, vom loyalen Rebellen „Rob Roy“, den Walt Disney 1953 zur Ikone machte, über die wilden Kerle von „Braveheart“ bis zur „Highlander“-Serie. Das finstere Land der Magie, verdammt schön und schön verdammt, das Roman Polanski in „Macbeth“ (1971) in Szene setzte. Schottland als Heimat querköpfiger, kauziger und lebenslustiger Menschen, die das Glück in ihrem Kohlgarten finden und allem neumodischen Kram aus London und Amerika ein Schnippchen schlagen – Anfang der fünfziger Jahre feierte die schottische Komödie ländliche Rückständigkeit als nationale Überlebenskraft.

Mit Sturheit und Witz überlistet man englische Soldaten, wie in „Whisky Galore“ (1949), oder amerikanische Geldmenschen, wie in „The Maggie“ (1954). Regisseur Alexander Mackendrick zeigt seine Landsleute als Menschen, die am liebsten die alte feudalistische Lebensweise behalten und vom Rest der Welt verschont bleiben würden. Das Publikum glaubte gern daran. „The Maggie“ gehört zur schottischen Kultur wie „The Wizard of Oz“ zur amerikanischen.

In Vincente Minnelis Hollywood-Musical „Brigadoon“ (1954) kommen auf wundersame Weise alle Schottland-Klischees zusammen: heroische Männlichkeit, Frauen, die ebenso temperamentvoll wie züchtig sind, weise Alte, Gespenster und liebenswert weltfremde Querköpfe. Minnelli inszeniert das alles als Märchen, Träumerei, und deutet dadurch ein wenig die Künstlichkeit dieser Mythen an.

1981 zeigte die Ausstellung „Scotch Myths“ in Edinburgh die geballte Macht solcher Bilder. Die Grenzen zwischen Kitsch und Kunst sind da fließend, in Texas oder Oberbayern ist das nicht anders.

Und alle diese Filme scheinen rückwärts gewandt, damit man die Gegenwart nicht so deutlich sieht, in der die Industrialisierung das Schottland, von dem die Mythen handeln, verdrängt hat. Je brutaler der Zerstörungsprozess sichtbar wurde, umso mehr versuchte das Kino, das alte Schottland zu bewahren.

Aber auch der „neue schottische Realismus“ von Filmen wie „Trainspotting“ hat Vorläufer. „Floodtide“ schil-

Schottische Shooting Stars: Jonny Lee Miller, Ewan McGregor, Kevin McKidd und Ewen Bremner (von links) in „Trainspotting“

Foto: Cinetext

derte 1949 die harte Arbeit in den Schiffswerften von Glasgow, und Zeitgenossen erinnern sich, wie ergriffen die Zuschauer waren, die zum ersten Mal im Kino ihr eigenes Leben sahen und ihre Sprache hörten. „The Brave Don't Cry“ (1952) feierte den schottischen Bergmann, und auch hier fehlt noch jede Spur politischer Kritik. Regisseur John Grierson, der selber in einer Bergwerksgemeinde aufgewachsen war, wollte die Versöhnung des alten mit dem neuen Schottland. In „The Heart of Scotland“ (1961) verbindet eine einzige Einstellung weite Felder und Industrieanlagen.

So entstand ein weiterer Film-Mythos: der von der glücklichen Industrialisierung und den Arbeiter-Helden des Fortschritts. Erst „Clydoscope“ (1974) von Murray Grigor konnte sich über diese Klischees erheben, etwa wenn die Kamera lange das typisch schottische Landschaftspanorama abfährt – und es sich dann als Poster in einem Studio entpuppt.

In den siebziger Jahren wurden die Filme aus Schottland persönlicher und direkter. Die Trilogie „My Childhood“ (1972), „My Ain Folk“ (1973) und „My Way Home“ (1978) von Bill Douglas, der in seiner Jugend selber in einem Bergwerk gearbeitet hatte, erzählt die Geschichte zweier Jungen in den Kriegsjahren, zwischen kaputten Familien, emotionslosen, herrschsüchtigen Erziehern, grausigen Kinderheimen, Obdachlosigkeit und Militär. Die sympathischen Querköpfe sind gleichgültig und engstirnig geworden, die Industrie hat das Land zerstört. Trotzdem liegt in dieser radikalen Abrechnung mit den schottischen Mythen eine ungebrochene Zärtlichkeit.

Der Regisseur Bill Forsyth zeigt in „That Sinking Feeling“ (1979) die slapstickhafte Geschichte einer Gruppe arbeitsloser Jugendlicher in Glasgow, die mit dem Diebstahl von Spülsteinen Furore machen, und in „Gregory's Girl“ (1980) eine schüchterne erste Liebe. Beide Filme behaupten den ungebrochenen Lebenswillen der *working class heroes* gegen die Verheerungen des Thatcherismus.

In „Local Hero“ lässt Forsyth wieder das Alte und das Neue zusammenstoßen, amerikanische „Kolonisatoren“ und querköpfige Einheimische; am Ende aber wird der berechnende Topmanager von Schottlands Zauber „erleuchtet“. Das schottische Kino träumt wieder, doch auf Forsyths nächstes Märchen „Comfort and Joy“ (1984), das von zwei rivalisierenden Eishändler-Gruppen und einem liebeskranken Discjockey handelt, will sich das Publikum schon nicht mehr einlassen. Vielleicht waren die Zeiten rauer geworden. „Schotten haben Erfahrung mit dem Unglück“, meint Bill Forsyth lakonisch.

Melancholische Schönheit prägt auch den anderen großen schottischen Film des Jahrzehnts: In seinem Debüt „Another Time, Another Place“ (1983) erzählt Michael Radford die unmögliche Liebesgeschichte zwischen einem italienischen Kriegsgefangenen und einer im harten Alltag gefangenen Farmersfrau. Radford machte dann mit Filmen wie „1984“ und „Die letzten Tage in Kenia“ (1987) Karriere, aber nach Schottland kehrt er nicht zurück.

In den neunziger Jahren beginnt mit Danny Boyles „Shallow Grave“ (Kleine Morde unter Freunden) die Karriere von Ewan McGregor und Danny Boyle als Shooting Stars eines neuen, jungen schottischen Films. Mit dem Produzenten Andrew McDonald und dem Drehbuchautor John Hodge bilden sie die „Punkband des schottischen Films“, der mit „Trainspotting“ (1996) der große Hit gelingt.

Der Film löst so etwas wie einen Boom aus: Nach den trostlosen achtziger Jahren entstehen nun in Schottland jedes Jahr bis zu 50 Spielfilme, TV-Se-

In „Braveheart“ kämpft Mel Gibson für die schottische Unabhängigkeit. Mit von der Partie: Catherine McCormack

Ein Kerl im Kilt, wie Hollywood ihn träumt: Christopher Lambert als „Highlander“

rien und Dokumentationen. Auch ökonomisch entsteht eine Basis für einen schottischen Film, der mehr ist als ein Sprungbrett für die Talentierten, die es nach Hollywood schaffen, und eine grimmige Passion für den Rest.

Die schottischen Film-Punks aber erforschten nach „Trainspotting“ in ihrer schrägen Kidnapper-Geschichte „A Life Less Ordinary“ (1997) Amerika.

Glasgow ist der Ort in Großbritannien, an dem der Punkt der sozialen und individuellen Hoffnungslosigkeit erreicht ist, wo man sich entscheiden muss zwischen grandiosem schmutzigem Untergang oder trotzigem Weitermachen. Und im schottischen Film kommt es zur Zeit mehr auf die Aura von Orten und Personen an als auf so etwas wie eine nationale Identität.

In „My Name is Joe“ (1998), erzählt Ken Loach von einem alkoholkranken Arbeitslosen, einer Sozialarbeiterin und einer Fußballmannschaft, die immer nur verlieren kann. Der englische Regisseur kehrt nach Glasgow zurück, wo er 1996 schon „Carla's Song“ drehte – nur einer von zahlreichen Filmen, in denen der schottische Schauspieler Robert Carlyle meisterhaft ungeschönt Arbeiterklassemenschen spielt. Während in „The Full Monty“ (Ganz oder gar nicht, 1997) zwar Schottland der Schauplatz ist, der Film aber eher den Eindruck einer anonymen britischen Stadt vermittelt, ist man bei Ken Loach sehr nah am wirklichen Glasgow, an der Stadt der Verlierer im Land der Verlierer.

Lyne Ramsay erinnert sich in „Ratcatcher“ (2000) an ihre Kindheit im Glasgow der siebziger Jahre, und das war, so scheint es, mehr als ein junges Mädchen aushalten kann an Gewalt und Tod und alkoholisierten Männern. In ihrem wunderschönen Film gibt es nur einen Ausweg: in den Traum.

Der schäbige Tag und die traumhafte Nacht berühren sich auch in „Late Night Shopping“ (2000) von Saul Metzstein, einer Komödie über Leben, Lieben und Leiden vier junger Nachtschichtarbeiter in Glasgow.

Während die schottischen Filme mit ihrem geschärften Blick für die soziale Wirklichkeit die romantische Schönheit des Landes ausblenden, wird sie von anderen europäischen Regisseuren gerade entdeckt. Der Norweger Hans Petter Morland erzeugt in „Aberdeen“, (2000) ein ebenso grandios-hoffnungsloses Metaphern-Schottland wie der Däne Lars von Trier in „Breaking the Waves“ (1996). Bei von Trier gibt die schottische Küste die beinahe überzeitliche Kulisse für das Drama um eine junge Frau und ihren Ehemann ab, den Ölarbeiter, der nach einem Unfall gelähmt von der Bohrinsel zurückkehrt. Er verlangt, dass sie mit anderen Männern schläft, und sie steigert sich in die Opferrolle hinein. Das schottische Dorf und die seltsame Passion der naiv gläubigen Frau, die von den engstirnigen Dorfbewohnern nur als Prostituierte gesehen werden kann: Es ist, als wäre Schottland zum Bild der schönen Gleichgültigkeit, der Verlorenheit des Menschen geworden.

Georg Seeßlen *lebt als Buchautor und Filmkritiker u. a. für* Die Zeit *in Bad Wörishofen in Bayern.*

Fotos: Cinetext (3), Jauch u. Scheikowski

Peter Riegert und Christopher Rozycki in „Local Hero“: Warten auf Burt Lancaster als Ölbaron

Robert Carlyle als schottischer Arbeiter neben Elmer McCourt in Ken Loachs Bauarbeiterkomödie „Riff Raff“

AUF VIDEO: ALTE UND NEUE MYTHEN

Historiendramen, made in Hollywood

„Braveheart“, USA 1995. Opulent inszeniertes Actiondrama von Mel Gibson, der selbst als Hauptdarsteller mit wehenden Haaren durchs schottische Hochland reitet, im Kampf für die Unabhängigkeit und gegen die brutale Herrschaft König Edwards I.

„Rob Roy“, USA 1995. Robin Hood-Variante von Michael Caton-Jones, mit Tim Roth, Liam Neeson und Jessica Lange. Im Schottland des 18. Jahrhunderts bittet der Klanführer Rob Roy den Marquis of Montrose um einen Kredit, damit er sich eine größere Herde zulegen kann. Doch der hinterhältige Neffe des Fürsten ermordet Robs Geldboten, der Kreditgeber duldet keinen Zahlungsaufschub und den Hintergangenen bleibt nur die Flucht in die Highlands.

Aus britischem Blickwinkel betrachtet

„Her Majesty, Mrs. Brown“, GB 1997, Historisches Zeit-und Sittengemälde von John Madden. Nach dem Tod ihres geliebten Gatten Albert wendet sich Queen Victoria (Judy Dench) von der Welt ab. Erst die Begegnung mit John Brown, ihrem schottischen Diener und Pferdeknecht (gespielt vom brillianten schottischen Komiker Billy Conolly), sein rauer Charme und seine absolute Aufrichtigkeit erwecken in der Königin neue Lebensgeister.

Die jungen Wilden

„Shallow Grave – Kleine Morde unter Freunden“, GB 1994. Skurrile Kriminalkomödie von Danny Boyle mit Ewan McGregor. Was tun, wenn der neue Untermieter plötzlich tot in seinem Zimmer liegt, gestorben an einer Überdosis und neben ihm ein Koffer voller Geld steht? Die Leiche muss diskret entsorgt und das Geld unter den drei verbleibenden Bewohnern aufgeteilt werden. Die beginnen jedoch sich gegenseitig des Betruges zu verdächtigen.

„Trainspotting – neue Helden“, GB 1996. Provokative Junkie-Geschichte von Dany Boyle, mit Ewan McGregor und Robert Carlyle. Fünf Jugendliche aus Edinburgh haben sich den Kampf gegen das krankhafte Kleinbürgertum auf die Fahnen geschrieben, Heroin heißt ihr Heilmittel, Spaß haben lautet die Devise.

Das Land als magische Seelenlandschaft

„Local Hero“, GB 1983. Wunderbar ironisches Öko-Märchen von Bill Forsyth. Ein texanischer Ölmagnat (Burt Lancaster) schickt seinen Topmanager und vermeintlichen Schotten MacIntyre – dessen Vorfahren in Wahrheit Ungarn waren – in das verschlafene Nest Ferness. Das idyllische Küstendorf soll einer Ölraffinerie weichen, doch schließlich findet Mr. Supersmart dank des einmaligen Sternenhimmels den Sinn des Lebens.

„Breaking the waves“, DK 1996. Dramatische Liebesgeschichte von Lars von Trier. Die junge, naive Bess (Emily Watson) lebt in einem Kaff an der schottischen Küste. Sie heiratet den „Fremden“ Jan (Stellan Skarsgard), der auf der Bohrinsel arbeitet. Als Jan nach einem Unfall querschnittsgelähmt ist und sie auffordert, mit anderen Männern ins Bett zu gehen, willigt sie ein. Das Dorf aber sieht in ihr nur eine Prostituierte. Am Ende gibt Bess ihr Leben, um das ihres Mannes zu retten.

Glasgow, ganz unten

„Small Faces“, GB 1995. Ergreifende Kindheitsgeschichte von Gillies MacKinnon. Glasgow 1968: Die verfeindeten Gangs der „Glens“ und „Tongs“ behaupten mit zunehmender Gewalt ihre Territorien. Die drei McLean-Brüder wachsen unter der Obhut ihrer verwitweten Mutter auf, doch auch die kann sie nicht davor bewahren, sich in den Straßenkämpfen für eine Seite zu entscheiden.

„My Name is Joe“, GB 1998. Packende Milieustudie von Ken Loach. Joe (Peter Mullen) hat mit dem Trinken aufgehört, schlägt sich mit Gelegenheitsjobs durch und trainiert die schlechteste Fußballmannschaft Glasgows. Als er sich in die Sozialarbeiterin Sarah verliebt, scheint er sein Leben endlich wieder in den Griff zu bekommen. Doch einer seiner Spieler hat Probleme mit dem hiesigen Drogendealer.

Stadt in neuem Licht

Ihr Image war katastrophal: Glasgow galt als Sozialsumpf Schottlands. Doch vor ein paar Jahren ging es aufwärts mit der Metropole. Heute ist sie cool und hip, Heimat von Dichtern, Filmemachern und Museen

Text: Des Dillon, Fotos: Gerald Hänel

Das Armadillo Building, erbaut von Sir Norman Foster, ist Heimat des Scottish Conference Center

Die West George Street. Verkehrssprache:
gelassen. Verkehrsaufkommen: enorm

Glasgow ist wie New York. Dynamisch, hektisch, schnell

von ganz eigenem Zungenschlag:
Nachwuchsband im „King Tut's“

Glasgow ist in. „Oasis“ wurde hier entdeckt

Wenn Britannien cool ist, dann ist Schottland obercool. Und wenn Schottland obercool ist, dann ist Glasgow so megacool, dass man auf dem Thermometer glatt 20 Grad unter Null ablesen könnte. Britische Jugendliche gaben bei einer Umfrage zu Protokoll, Glasgow sei die Stadt, in der sie am liebsten leben würden. Abgefahren und hip. Kein Wunder, schließlich hat Glasgow einen Riesensprung nach vorn gemacht. Dorthin, wo die Zukunft glitzert.

Schon heute ist die Stadt ein einziges Funkeln und Glitzern. Auf den Straßen ein ständiges Feiern: ein Corso Tag und Nacht. Glasgow ist atemberaubend. Glasgow ist grandios, energiegeladen, kolossal.

Architektur heißt das Zauberwort: viktorianische Bauten, Jugendstil, Kapellen und Kirchen, Beton und Stahl, Titan, Altes, Uraltes und Modernes, Postmodernes. Die Stadt wächst. Und hält keine Sekunde still.

Heute ist bereits morgen.

Glasgow ist New York, nur in Europa. Dynamisch, Tempo machend. Und Glasgow baut, feilt an seinem guten Ruf als Schauplatz internationaler Konferenzen. Für globale Geschäfte empfiehlt sich Glasgow längst als Britanniens drittbester Standort. Nur London und Edinburgh stehen bei Besuchern höher im Kurs. Glasgows Hotels haben 365 Tage im Jahr Saison.

Lange hatte Glasgow seinen Fluss, den River Clyde, aus seinem Bewusstsein verbannt – so wie ich es mit einem Song machen würde, der an eine verflossene Liebe erinnert. Glasgow hatte keine Lust, an die großen Tage zurückzudenken, als die Stadt im Schiffsbau weltweit die Nummer eins war. 1967 ist hier die QE2, Königin der Schiffe, vom Stapel gelaufen.

Vergessen. Alles beginnt von vorn. Heute ist der Clyde kein vernachlässigtes Schmuddelkind mehr.

Glasgow will hoch hinaus. Die Stadt bietet alles: Jung und Alt, Alt und Neu

Glasgow hat sich von den Niederlagen der Vergangenheit erholt. Im Science Center am Südufer des Clyde gibt es ein riesiges IMAX-Kino; das Armadillo Building ragt fast bis an die Wolken heran, und bald wird auch der Millennium Tower in den Himmel greifen. Glasgow will hoch hinaus.

Die Straßen werden aufgepeppt: Cafés mit Pariser Flair. Italienische Restaurants an jeder Straßenecke. Innenhöfe und knüppelvolle Performances. Die Scottish Opera ist weltberühmt.

Glasgow ist abgefahren. Chinatown. Clubs. Casinos. Straßenmusiker. Stinknormale Pubs und Puffs. Gestylte Boutiquen und Läden, wie sie sonst nur noch in London zu finden sind. Ein öffentliches Nahverkehrssystem, ausgestreckt bis in die verrotteten Winkel dieser Stadt. Und einen schummrigen Rotlichtbezirk.

Glasgow vermeldet 150 Drogentote im Jahr. Und hat eine Vorliebe für brutale Rammstöße: Schädeldecke an Schädeldecke, der „Glasgow Kiss".

I kissed in Glasgow. I was kissed by Glasgow.

Stadt der Museen und der Gruftis

Draußen vor der Gallery of Modern Art, einem klassizistischen Prunkbau, lungert ein Trupp gruftig-blass geschminkter Kids herum, die sich *goths* nennen und sich wer weiß was einbilden auf ihren Weltschmerz und ihre nachtschwarzen T-Shirts. Sie machen mürrische Miene zu lärmender Musik aus dem Gettoblaster, spielen Nirvana oder Slipknot. Ein paar von ihnen brillieren ein paar Meter weiter mit gewagten Skateboardtricks auf den Stufen des Buchladens Borders, eines der größten Bücherkaufhäuser in Europa.

Im Inneren des Museums lautes Gelächter. Die Glaswegians nehmen kein Blatt vor den Mund und sagen, was sie von der Kunst halten, die sie zu sehen bekommen.

Und sie bekommen reichlich Kunst zu sehen. Glasgow ist Museumsland und hat pro Kopf mehr Museen als jede andere Stadt Schottlands. Der Museumsbesuch ist bis auf wenige Ausnahmen kostenlos.

„Hey, komm mal her! Ey, das Teil hier ist echt klasse! *That's magic!*" Oder: „*That's shit, that!*" Große Kacke.

Geht es um Fragen der Ästhetik, haben die Glaswegians immer schon unverblümt und direkt reagiert; mit elitärem Gehabe und snobistischem Naserümpfen hatte man hier noch nie etwas am Hut. Es ist beileibe kein Zufall, dass die Autoren der neuen, sehr erfolgreichen Welle schottischer Literatur ohne Ausnahme aus der Arbeiterklasse stammen.

Von jeher galt das stolze, traditionsbewusste Edinburgh als Literaturstadt der Schotten – aber die neuen Autoren haben Glasgow als Heimat gewählt. Von Journalisten bekamen sie dafür das Etikett „intellektu-

Moderne Zeiten: In Glasgow fährt Schottlands einzige U-Bahn

Cooler Glamour: In der Bargo Bar zeigt sich der neue Glanz der Stadt

ellenfeindlich“ verpasst – jede Wette, dass die Jungs mächtig stolz auf dieses Stigma sind!

Was Glasgow so unvergleichlich macht, sind die Bewohner der Stadt. Sie haben Charakter. Die Schotten gelten gemeinhin als geizig und griesgrämig. Anders in Glasgow. Sollte jemand plötzlich ohne einen Penny in der Tasche dastehen – kein Problem. Dann hilft es, eines der Stadtviertel mit den riesigen Sozialbauten heimzusuchen. Egal, wie ruppig es dort zugehen mag, zu essen bekommt man immer.

Zum Beispiel in Castlemilk. Wer an einer Tür klingelt, sich gibt, wie er ist, und dabei nicht aussieht wie ein Junkie, Hochstapler oder Trickbetrüger, bekommt eine Mahlzeit aufgetischt. Die Glaswegians sind hart gesottene Naturen, durchschauen jede Fassade. Ist Hilfe nötig, werden sie selbst Fremden unter die Arme greifen. Wer die Leute allerdings verscheißert, bekommt den Glasgow Kiss.

I kissed in Glasgow. I was kissed by Glasgow.

Arbeiterstadt und Filmmetropole

Aber lassen wir die Goten in ihren schwarzen Gewändern und schlendern am Buchgiganten Borders vorbei und ein Stück die Robertson Street hoch. Schon stehen wir vor dem Hauptbahnhof: Glasgow Central Station. Ein Bahnhof, wie die alten Prunkbauten der Eisenbahnen in Amerika oder die Bahnhofsriesen in Mailand, Paris oder Leipzig. Der Steinfußboden in der Halle blitzt und blinkt. Darauf ein Geschiebe und Gehaste von Menschen aus aller Koffer, Taschen und Rucksäcke Länder. Dutzende Cafébars unter einem endlosen Himmel aus Eisen und Glas. Hier grüßt, unter einem ehrlichen schottischen Himmel, die schöne, alte-neue Welt des Viktorianismus das schöne, neue-alte Glasgow.

Trotzdem ist Glasgow keine britische Stadt. Glasgow ist New York. Man muss nur 15 Stockwerke abziehen.

Machen wir einen kurzen Bummel durch das rechtwinklig angeordnete Straßengeflecht der Innenstadt, ohne dabei nach oben zu sehen, dann wird klar, was ich meine. Es war New York, das in einem Akt städteplanerischen Plagiats und Straßenraubs den Stadtplan Glasgows mit seinem 90°-Straßennetz importiert hat. Das passierte, als Glasgow zum letzten Mal voll cool war: zur Zeit Queen Victorias.

Von den Kinoproduzenten wird Glasgow als Kulisse benutzt, wenn Filme in New York oder Boston spielen: aktuelles Beispiel ist die Verfilmung von Edith Whartons „The House of Mirth“ in der Regie von Terence Davies.

Die Häuser sehen amerikanisch aus. Und die Bewohner auch. Ja, die Leute, die in Glasgow leben, sehen aus wie Leute, die in New York leben. Was nicht verwundern muss: als Auswanderer zu Tausenden amerikanischen Boden betraten, strömten zur gleichen Zeit Einwanderer massenhaft nach Glasgow, um in den Werften und Stahlwerken am Clyde zu schuften: Iren, Litauer, Deutsche, Polen, Italiener, Juden aus dem Osten.

Die QE2 wurde von ihnen gebaut, ebenso, 1869, die Cutty Sark, eines der berühmten Segelschiffe der Welt. Die ganze Innenstadt wurde von Einwanderern aus dem Boden gestampft. Glasgow wäre undenkbar ohne seine Immigranten.

Hölle und Paradies

Auch da ist Glasgow amerikanisch, kosmopolitisch. Man hat nur fast 200 Jahre gebraucht, bis endlich genug Selbstvertrauen da war, diese Tatsache offen auszusprechen. Logisch, dass die Glaswegians nicht griesgrämig genug sind, um als Schotten durchzugehen.

Das viktorianische Glasgow war Hölle und Paradies zugleich. Es war unglaublich reich und unvorstellbar arm. Und leider kann man nicht anders, als einen Teil Glasgows noch heute als drakonische Strafe zu sehen. Nehmen wir Possil. Oder Ruchill. Oder den Stadtteil Springburn mit seinen Sozialkasernen. Höher lässt sich das Strafmaß kaum ansetzen, als dort zu leben.

Wie immer ergab eins das andere: Die Exzesse des Viktorianismus führten zu bitterer Armut. Die Armut zu reflexartiger Gegenwehr, zu optimalen Bedingungen für sozialistische Agitation.

Prompt marschierte das Militär mit schwerem Kriegsgerät am George Square auf, um den *Red Clydesiders* den Garaus zu machen. Glasgow hatte seine eigene Revolution. Was denn sonst.

In den siebziger und achtziger Jahren des 20. Jahrhunderts kam die Stadt flügellahm daher. Mit dem Ende des Industriezeitalters hatte sie Federn lassen müssen. Und das tüchtig. Glasgow war zur Miss

Ein Traum im Jugendstil: das Café Sarti

Havisham der Städte geworden: starrköpfig, verbittert, von der guten alten Zeit träumend, wie die Alte aus Charles Dickens' „Great Expectations".

Gangs gaben in den Straßen den Ton an. Und Maggie Thatcher trat der Stadt vors sozialistische Schienbein. Glasgow lag am Boden.

Jeder Arbeiter, der es irgendwie schaffte, entfloh den Mietskasernen – um dann in seiner Heimatstadt als Exilant zu leben. Einwanderer wurden zu Auswanderern. Ein besseres Leben in den exotischen Ländern ein paar hundert Meter die Straße hoch. Die Pechvögel soffen ab. Junkies, Obdachlose, Alkoholiker, Nutten, Verrückte, Knackies. In jenem Glasgow, von dem wir so tun, als existiere es nicht.

Sozialsumpf und Normalo-Stadt

Ich zeigte einem Schriftsteller aus Los Angeles den Stadtteil Possil. Er sah sich um und sagte: „Hey, willst du etwa behaupten, es leben echt Leute in den Bruchbuden da?" Man muss diese Winkel krassen Elends mit eigenen Augen gesehen haben.

Die Armen, die im neuen Britannien nicht Fuß fassen konnten, sind in kleinen Gettos zusammengepfercht. Armut in explosionsgefährdeter Enge und Nähe. In den vergangenen zehn Jahren hat der Wirtschaftskreislauf rasant an Tempo zugelegt, und das alte Glasgow wurde ein Archipel der Armen im hoffnungsfrohen Glasgow. Im neuen Glasgow.

Der Normalo-Glaswegian konnte es kaum glauben, als Leute mit Geld plötzlich daran gingen, sich Eigenheime mitten in den hammerharten Gegenden zu kaufen. Easterhouse zum Beispiel war ein einziger riesiger Sozialsumpf mit 40 000 Einwohnern. Fehlanzeige von wegen intakter Infrastruktur.

Eines Tages hatten sich die oberschlauen Jungs von Coca-Cola einen neuen Getränkeautomaten ausgedacht. Und ihn in der New Yorker Bronx getestet, wo ihn Nacht für Nacht die Gangs zu knacken versuchten. Ohne Erfolg. Das Teufelsding galt als unverwüstlich. Dann stellten sie eine der Kisten in Easterhouse auf. Am nächsten Tag war sie weg.

Heute zählt man in Easterhouse ebenso viele Eigenheime und Eigentumswohnungen wie staatlich finanzierte Sozialbauten. Das hat den Gangs ein wenig das Wasser abgegraben. Die Gangs sind kleiner geworden – und straffer organisiert –, und etliche der Burschen haben es zu Multimillionären gebracht. Durch Drogen.

Wo Licht ist, ist auch Schatten. Doch wo viel Schatten ist, ist auch viel Licht. So floss ein Riesenbatzen Drogengeld zurück in die Stadt. Heute vermag niemand mehr zu sagen, wieviel die Schattenökonomie dazu beigetragen hat, Glasgow neues Leben einzuhauchen.

Als die Stadt 1990 Europäische Kulturhauptstadt wurde, war sie längst reanimiert. Glasgow war schon wieder oder noch immer – je nach Blickwinkel – eine Schatztruhe, als sie 1999 zu Britanniens *City of Architecture and Design* gekürt wurde. Und die Dealer machten es schließlich genau wie die Schriftsteller und Künstler: Sie nutzten ihr Talent und traten zeitgleich mit dem neuen Glasgow ins Rampenlicht. Dann schauten sie zurück und sahen, dass es gut war.

Booming-Town im Gleichklang, 612 000 Einwohner endlich mit sich im Reinen.

I kissed in Glasgow. I was kissed by Glasgow.

Neulich fuhr ich mit dem Bus nach Castlemilk. Von dort oben aus gesehen, hätte Glasgow glatt als südamerikanische Stadt durchgehen können, die sich eng an eine Hochebene schmiegt. Glasgow ist kein Schmuckkästchen wie Venedig oder Paris. Es ist eine Großstadt ohne Firlefanz, hart und kantig wie der Stein und Stahlbeton, aus dem sie gebaut ist. *A city's city.*

Der Mann in der Sitzreihe vor mir kratzte an einer Narbe in seinem Gesicht. Mindestens 20 Stiche und reichlich schwarzes, verkrustetes Blut. In Croftfoot stiegen ein paar Leute ein. Mittelschicht-Gesichter. Sie nahmen so weit von dem Mann entfernt Platz, wie es nur ging, mussten aber immer wieder zu ihm hinsehen. Denn alle dachten an das Glasgow aus der Generation ihrer Mütter und Väter. An die Slums und die Gangs. Und hatten, es war deutlich zu sehen, bislang geglaubt, das neue Glasgow hätte all dem längst ein Ende bereitet.

Dann machte sich der Mann mit der Narbe zum Aussteigen bereit. Jeder beobachtete ihn aus den Augenwinkeln: Der Narbige gab seiner Frau einen Kuss. Dann gab er seiner Tochter einen Kuss: „Bis denn um sechse, Herzchen. Halt dich saftig."

Das Mädchen lachte. Ich musste lächeln. Der Bus musste lächeln.

Glasgow hat sich mit seiner Vergangenheit ausgesöhnt.

Glasgow

Handelsstadt seit dem 12. Jh. Aufschwung durch den Tabak- und Textilhandel mit Nordamerika im 18. Jh. Adam Smith begründet in Glasgow die klassische Nationalökonomie; James Watt erfindet 1769 die Dampfmaschine. Seit der Vertiefung der Clyde-Mündung erreichen auch Schiffe die Stadt. Gewaltige Werft- und Industrieanlagen entstehen, bis ins 20. Jh. boomt der Schiffbau. Bevölkerungsanstieg durch Einwanderer; die Armen verelenden. Um 1900 Jugendstil-Metropole Britanniens. Niedergang der Schwerindustrie ab Mitte der siebziger Jahre. Ab 1980 Sanierung der verfallenden Stadt, seit den Neunzigern neues kulturelles Selbstbewusstsein. Heute mit 612 000 Einwohnern die größte Stadt Schottlands

Auf Paddy's Market gibt es alles, was die Welt nicht braucht – und das seit mehr als hundert Jahren

Draußen vor dem Fenster des Busses ragt das neue Hamden Football Stadium hinter den Häusern auf, blitzblank schimmernd wie ein auf Hochglanz poliertes Raumschiff.

Das Gegenstück zu all dem bildet das West End, die Byres Road. Kleinparis, bloß ein paar Stationen mit der U-Bahn vom Stadtzentrum entfernt. Ringsum nichts als Hochschulen und Parks. Und überall Einbildung wie nirgends sonst in Glasgow.

Typen in schwarzen Rollkragenpullis und Lederjacken: Filmfuzzies. Typen mit langen Mänteln und breitkrempigen Hüten: Dichter und Möchtegerndichter. Typen mit Rolexuhren am Arm: Schnösel.

Hat man aber erst einmal gelernt, hinter die Fassade zu schauen, dann ist das West End ein genialer Ort, um faul in Kneipen und Cafés herumzusitzen.

I kissed in Glasgow. I was kissed by Glasgow.

Stadt der Dichter und der Schnösel

Hinterher ein Bummel übers Gelände der Glasgow University und durch den Kelvingrove Park zur opulent bestückten Gemäldesammlung des Kelvingrove Museum & Art Gallery. Als die Schriftrollen vom Toten Meer an einem einzigen Ort Britanniens gezeigt wurden, fand dieses Event hier statt, in Glasgow. Wo sonst?

Bestes Beispiel für die Neubelebung Glasgows ist die Concert Hall. Steht man auf der Buchanan Street, ist das Bauwerk aus blondem Stein nicht zu übersehen: Die geschwungenen Kurven des Konzertsaals bilden eine verführerische Kulisse für noble Geschäfte. Doch vor gerade zehn Jahren war hier nur ein trostloser Busbahnhof, um den alle einen ganz weiten Bogen machten. Statt Motorenlärm nun Konzerte von Bach, Beethoven und James McMillan.

Von der Concert Hall ein kleines Stück die Sauchiehall Street hoch, schon steht man vor dem Glasgow Film Theatre. Dort mischt eine Hand voll Leute derzeit das britische Kino auf. So etwa Peter Mullen, der für seine Rolle in „My Name is Joe" aus Cannes mit einer Goldenen Palme heimkam und außerdem ein begnadeter Drehbuchautor und Regisseur ist. Oder Gary Lewis, der in „Billy Elliot" den Vater spielte und die wortkarge Welt der Kohlekumpel ein für allemal auf den Punkt brachte.

Film, Fernsehen, Literatur: Die Schottische Renaissance geht von Glasgow aus. Die alte Proletenstadt Glasgow hat den Kopf in den Nacken gelegt und losgeröhrt und damit endlich die eigene Stimme gefunden. Und diese Stimme ist amerikanisch angehaucht. Rau. Eine unmissverständliche Absage an den elitären Snobismus, der in der britischen Kunstszene ebenso berüchtigt wie allgegenwärtig ist.

Keine große Überraschung demnach, dass die Band Oasis in Glasgow entdeckt wurde. „King Tut's" ist der Laden schlechthin für Indie-Musik, Schottlands Antwort auf den „Cavern Club" in Liverpool. Im „King Tut's" zu spielen, ist der Traum jeder Nachwuchsband aus ganz Britannien. Das Besondere an der Glasgower Musikszene ist, dass keiner dem anderen den Erfolg neidet. Da schwingt Stolz mit – und Glasgow

Ale, Export oder Lager? Das berühmte, traditionsreiche Saracen's Head

erkennt sich in der Musik wieder, die ihre Bewohner machen. Das neue Glasgow hat einen schlacksig-dynamischen Gang mit wiegenden Hüften und Vorwärtsdrang entwickelt.

Gerüchten zufolge spazierte Jim Kerr von den Simple Minds einmal in New York über den Broadway, als ihm irgendwer zurief: „*Hey, Mac! Are you from Glasgow?*"

„Klar, aber woher weißte das?"

„Das liegt am Gang, Alter! Erkenn' ich sofort. Typischer *Glasgow Swagger, ey*."

Noch vor 20 Jahren ließ Glasgow den Kopf hängen, so sah's aus. Aber heute – wenn einer glaubt, der Aufschwung in Dublin zum Beispiel wäre etwas Besonderes, soll er erstmal gucken, wie hier die Post abgeht. Glasgow ist endlich dort angekommen, wo es hingehört. Zeigt sich, lässt sich besichtigen, beschnuppern, betasten. *And feels alright.*

Ich kann nur empfehlen, selbst hinzufahren. Und, ja: Wenn irgendwer den Glasgow Kiss anbietet, rundheraus mit „Nein danke!" antworten. Es sei denn, man geht postwendend in die Knie und verpasst dem Scherzbold selber einen.

Damit er kapiert, was Sache ist.

Des Dillon, *Schriftsteller, Bühnenautor, Filmemacher und Glaswegian. Zuletzt erschienen seine Romane „Return of the Busby Babes" und „The Big Q". Aus dem Englischen von* **Gerd Burger.**
Gerald Hänel, *Mitbegründer der Agentur Garp, fotografierte für* MERIAN *auch im Kreta-Heft (10/2000). Er lebt in Hamburg.*

MERIAN TIPP GLASGOW

ARCHITEKTUR

CHARLES RENNIE MACKINTOSH

Charles Rennie Mackintosh (1868-1928) zählt zu den bedeutendsten Jugendstilkünstlern Großbritanniens. Einige seiner wichtigsten Werke sind in Glasgow zu bewundern. Vor allem mit dem Architektur- und Designmuseum The Lighthouse zollt die Stadt ihrem großen, lange Zeit verkannten Sohn Tribut. Das 1895 nach Plänen von Mackintosh errichtete Gebäude ist ein guter Ausgangspunkt für eine Tour auf den Spuren des Designers und Architekten

❶ THE LIGHTHOUSE
Architektur- und Designmuseum, 11 Mitchell Lane, Telefon (01 41) 221 63 62, U-Bahn Buchanan Street, Mo u. Mi bis Sa 10.30-17 Uhr, Di 11-17 Uhr, So 12-17 Uhr, www.thelighthouse.co.uk Architektonisches Juwel, das 1999 als Museum eröffnet wurde und in dem zeitgenössische Kunst zu sehen ist; Workshops, Installationen und Lesungen, Events und iMac-Foren bilden eine moderne Melange. Das Mackintosh Interpretation Centre führt spielerisch und interaktiv in die Farben- und Formenwelt des Künstlers ein. Vom restaurierten Mackintosh Tower hat man einen schönen Blick über Glasgows City

❷ GLASGOW SCHOOL OF ART
167 Renfrew St., Anmeldung unter Tel. (01 41) 353 45 26, U-Bahn Cowcaddens, Führungen Mo-Fr 11 und 14, Sa 10.30 Uhr, Juli/Aug. zusätzlich Sa 13, So 10.30, 11.30, 13 Uhr Mackintoshs Stil ist nirgends plastischer wahrnehmbar als bei einer Führung durch sein architektonisches Meisterwerk. Die Kunstakademie hat studentisches Flair und ist dadurch manchen anderen Mackintosh-Stätten überlegen, die eher musealen Charakter haben. Highlights der Tour sind Bibliothek, Möbelgalerie und das Konferenzzimmer. Selbst Details wie Lichtschalter und Türschilder stammen aus der Hand des Jugendstilkünstlers

❸ HOUSE FOR AN ART LOVER
Bellahouston Park, 10 Drumbreck Road, Bus 9, 53, April-Sept. Sa 10-15, So-Do 10-16 Uhr, im Winter Sa, So 10-16 Uhr 1901 von Mackintosh für den Designwettbewerb einer deutschen Zeitschrift entworfen, aber erst 1996 fertig gebaut. Die späte Hommage an den Künstler verblüfft mit einer detailverliebten Komposition der Interieurs. Nach Originalentwürfen Mackintoshs und dessen Frau Margaret MacDonald arbeiteten zahlreiche Künstler und Kunsthandwerker an Kaminsimsen, hochlehnigen Stühlen, Fenstern und Stukkaturen. Sogar das geschwungene Piano im Music Room ist ein Mackintosh-Entwurf. Designshop, viktorianische Gärten und modernes Café sind superb

❹ THE WILLOW TEA ROOMS
217 Sauchiehall St., Telefon (0141) 332 0521, U-Bahn Cowcaddens, Mo-Sa 9.30-17, So 12-16 Uhr Obgleich nur noch ein Abglanz des ursprünglichen Designs (Spitzname „Mockintosh" für *mock*, „nachgemacht"), lohnt ein Besuch. Von 1897 bis 1910 gestaltete Mackintosh in Glasgow mehrere solcher Räume, aber nur die Willow Tea Rooms blieben erhalten

ALEXANDER „GREEK" THOMPSON

Lagerhäuser, Villen, Kirchen und Straßenzüge: Die Handschrift des viktorianischen Architekten Alexander „Greek" Thompson (1817-75), der trotz seines Beinamens nie in Griechenland war, ist in Glasgow allgegenwärtig. Mit seinem Schaffen bewies er, dass die Baukunst der alten Griechen das Fundament einer für das 19. Jahrhundert innovativen Architektur sein konnte. Er kopierte nicht, sondern transformierte klassisch-antike Formen in die Moderne und kombinierte sie mit Materialien wie Gusseisen und Glas

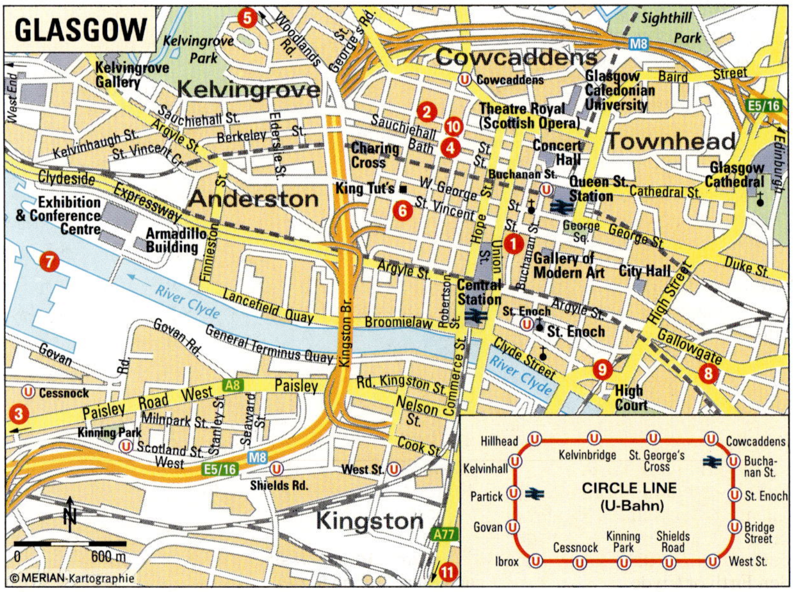

Fast wie in Venedig: Für Glasgows Rathaus, erbaut 1882 bis 1890, stand die italienische Renaissance Modell

5 GREAT WESTERN TERRACE
U-Bahn Hillhead Straßenzug nördlich des Clyde von 1869; das eindrucksvollste viktorianische Ensemble der Stadt

6 ST. VINCENT STREET CHURCH
U-Bahn Buchanan Street Wie die Akropolis ragt die 1858 fertig gestellte Kirche auf; vereinigt griechische, ägyptische und indische Stilelemente

1 EGYPTIAN HALLS
Union Street 84-100, U-Bahn Buchanan Street Anfang der siebziger Jahre des 19. Jhs. gebaute Lagerhallen und Büros

SEHENSWERT

7 MILLENNIUM TOWER – GLASGOW SCIENCE CENTER
50 Pacific Quai, Telefon (0141) 4205000, Fax 4205001, U-Bahn Cessnock 2001 fertig gestellt, 75 Mio. Pfund teuer. Beherbergt ein IMAX-Kino und hat Platz für interaktive Ausstellungen auf vier Etagen. Die Science Hall ist Herzstück eines Komplexes mit zwei Theatern, dem größten Planetarium Schottlands und einem virtuellen Labor, das moderne Technologien für die Öffentlichkeit erfahrbar macht. Der Tower bietet den besten Blick auf Glasgow und den Firth of Clyde

MÄRKTE

8 BARRAS MARKET
Nahe Glasgow Cross, Sa-So 9-17 Uhr, U-Bahn St. Enoch Wortgewandte Marketender bieten Antiquitäten, Schwarzmarkt-Software sowie Secondhand- und Designerkleider an

9 PADDY'S MARKET
Hinter Highcourt, täglich, unregelmäßige Zeiten, Sa bester Tag, U-Bahn St. Enoch Glaswegian Lokalkolorit auf einem hundert Jahre alten Markt: Kleider und Schallplatten, Secondhand-Möbel und Trödel

FILM UND INSTALLATION

10 GLASGOW FILM THEATRE
12 Rose Street, Telefon (0141) 3328128, U-Bahn Cowcaddens 1939 gebautes Kino, das schottische und internationale Autoren- und Independent-Filme zeigt

11 THE TRAMWAY
25 Albert Drive, Telefon (0141) 4222023 oder 2873900, Di-Sa 9 bis 21, Ausstellungen 12-18 Uhr, So 12-18 Uhr, U-Bahn Shields Road Avantgarde-Theater und Konzerte, Ausstellungen, Performances und Installationen

➤ **Weitere Adressen siehe „Tipps und Hinweise" ab S. 128**

LOWE & PARTNER
Wenn es in Ihr Leben passt,

Gerste, ein Grundstoff jedes Malt Whisky, wird auf Dörrböden über Torffeuern getrocknet

Fotos: Markus Dlouhy, Peter Rigaud

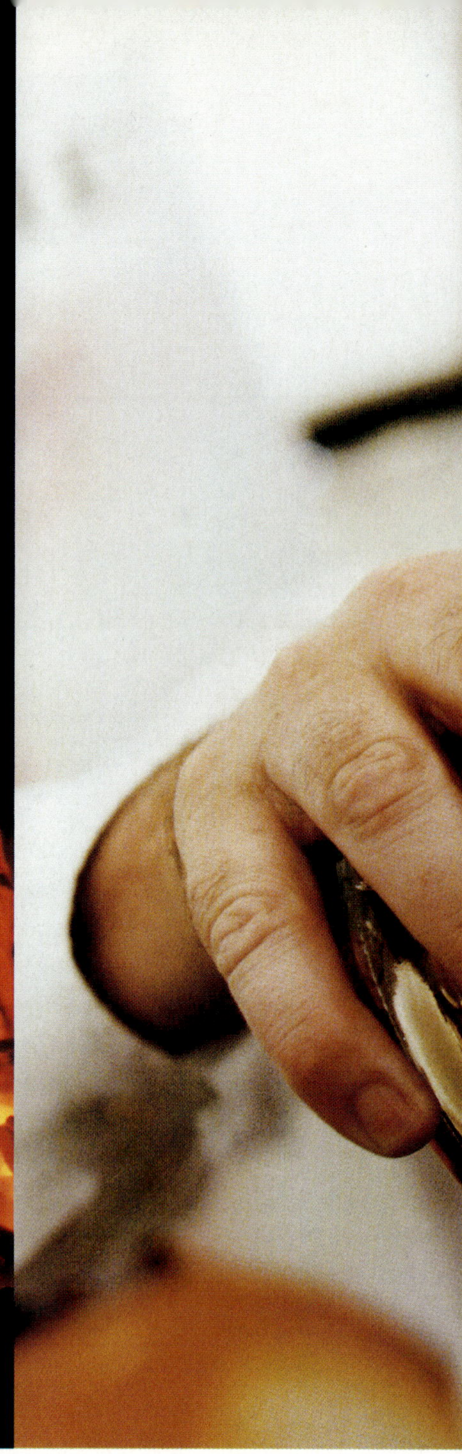

Immer

Text: Reinhard Hesse

Mindestens 14 Jahre reift der Balvenie im Bourbon-Fass und – umgefüllt – noch ein Jahr im Sherry-Fass

der Nase nach

Wer sich durch die schottischen Single Malts riecht und trinkt, kommt weit herum – und das, ohne seinen Platz an der Theke zu verlassen

„Sieht man die Berge?" fragt Gordon, noch sichtlich mit Kopfschmerz und Schlafmangel ringend, während unser Kleinbus am Ufer des Loch Ness entlang zuckelt.

„Ja, doch", sage ich, „man sieht die Berge."

„Dann wird es regnen."

„Okay", sage ich. „Und was wäre, wenn man die Berge nicht sähe?"

„Dann regnet es bereits."

Dagegen ist nun ehrlicherweise nichts einzuwenden. „Wollten wir nicht heute ins Whisky-Land in die Täler des River Spey?"

„Klar doch."

„Und warum fahren wir dann nach Südwesten?"

„Um einen angenehmen Ort zum Trinken zu finden. Wir sind schließlich nicht zum Vergnügen hier."

So umweglos resolut er ist, so recht hat mein Begleiter. Wir machen das wirklich nicht zum Vergnügen. Gordon hatte mir eine ganz besondere Tour vorgeschlagen: von Tain im Nordosten, wo wir uns bei einer Brennereibesichtigung das notwendige Grundwissen angelernt, angeschnüffelt und angetrunken haben, durch die Highlands hinüber zu den Islands, dann über Campbeltown zu den Lowlands.

Allerdings sollten wir dabei unseren Barhocker im Lochside Hotel von Bowmore auf der Insel Islay nicht verlassen müssen. Die Bar gilt unter Kennern als eine der bestsortierten Schottlands – genau der richtige Ort, um sich einen Überblick zu verschaffen über die Vielzahl der Malts. Rund 180 werden in Schottland gebrannt.

Als wir vor der Galerie der Flaschen und Raritäten am Bartresen Platz nehmen, ist es schon angenehm dunkel. Das ist gut so. Zwar hat ein echter Hochländer den *uisce beathad*, sein „Lebenswasser", angeblich schon morgens auf dem Frühstückstisch, und Gordon beschwört mich gleich mehrmals, dass es keine Tageszeit gebe, die für einen Malt nicht geeignet sei: Ein gewisser Widerspruch zwischen Tageslicht und Hochprozentigem existiert aber doch.

Als „Einstiegsdroge" empfiehlt Gordon einen 89er Glenrothes, einen echten Highland-Whisky vom River Spey, dessen Aroma mich entfernt an getrocknete Früchte erinnert.

„Das liegt daran, dass Schottland so viele Obstblüten hat wie die Mittelmeerküste", erläutert Gordon, den seine Freunde „The Nose" nennen, weil er angeblich mit verbundenen Augen mehr als 100 Malt-Sorten am Geruch erkennen kann.

Was hat die Obstblüte mit der Beschaffenheit eines Single Malt zu tun? Gordon erklärt, das läge am „Angel's share", dem „Anteil der Engel". Denn während der Whisky acht, zehn oder zwölf Jahre in den Fässern reift, verflüchtigt sich ein Teil des Alkohols. Zugleich nimmt der Whisky Luft aus der Umgebung auf – Aromen, die durch den restlichen Alkohol transportiert werden. So kommt salzhaltige Meeresluft in einen Küsten-Whisky, oder eben ein Obstgeruch in manchen Binnenland-Malt. „Würden Brennereien in Industriegebieten liegen, dann wären die Aromen andere", sagt Gordon, „und ungenießbar."

Gordon behauptet steif und fest, angesichts der unzuverlässigen klimatischen Bedingungen des Landes sei es allemal sicherer, die Schönheiten Schottlands aus einem Whiskyglas zu ergründen, als sie leibhaftig in Augenschein zu nehmen. Dafür hält man uns hier ein *nosing glass* bereit, ein schmales, rundes Behältnis ähnlich dem Sherryglas.

„Außerdem", so Gordon, „ist es nicht immer einfach, von unserer Insel Islay aufs Festland zu kommen. Die einzigen, die hier ungehindert reisen, sind Wildgänse. Aber mit einem halben Dutzend Brennereien an Ort und Stelle sind wir ziemlich autark." Im Übrigen, aber das sei seine Privatmeinung, ginge ohnehin nichts über Insel-Whiskys.

So sind sie, die Malt-Liebhaber.

Da gibt es die Sherryfass- und die Bourbonfass-Philosophen. Oder die Verfechter des „Schwanenhalses", denen zufolge nur ein fünf bis sechs Meter hoher Brennblasenhals die feinen Aromen in den Whisky bringt. Es gibt Whiskytrinker, die meinen, nur härtestes Wasser ergebe erstklassigen Malt, und andere, die behaupten, das Quellwasser müsse ein paar 100 Meter über Sand- und Kalkstein geronnen sein.

Schließlich gibt es den alten, nie entschiedenen Streit zwischen jenen, die den überlieferten Spruch „A drop of water disturbs the Whisky" dahingehend interpretieren, dass das zugesetzte Tröpfchen Wasser den Malt verunreinige; und der Gegenpartei, die findet, dass erst dieser Tropfen Wasser die Aromen in ihrer Vielfalt freisetzt: „Never Whisky without water, never water without Whisky."

Gordon legt sich da nicht fest, hält sich lieber an den schottischen Nationaldichter Robert Burns: „Whisky and freedom gang tegither."

Wir setzen unsere Reise am Tresen fort – mit einem herzhaften Tropfen aus Oban im äußersten Westen der Highlands. Die dortige Brennerei erzeugt einen rauchigen, kräftigen Whisky, was sicher auch mit der Menge des verbrannten Torfes zusammenhängt. Vier Dinge braucht der Malt, der Malz-Whisky: Gerste, Torf, Hefe und Wasser. Beim so genannten Mälzen wird Gerste zum Keimen gebracht, auf Dörrböden über einem Torffeuer getrocknet und mit Wasser zu einem Brei vermengt, der Maische, die mit Hefe versetzt in Kupferkesseln zu Alkohol destilliert.

Ein Aroma von Beeren, das ich mir einreden will, weist Gordon harsch zurück: „Quatsch, Beerenaroma. Wo soll dieser Whisky mit Beeren in Berührung gekommen sein?" Wenn es

Fotos: Arthur F. Selbach, Gregor Lengler

Freunde fürs Leben: Wer einmal seinen Malt gefunden hat, bleibt ihm treu

nach ihm geht, ist die Sache eher metaphorisch. Dieser raue Whisky aus Oban erinnere doch sehr an die kahlen Bergkegel der Region.

Wir lassen die Frage ungelöst und kommen hochprozentig auf Islay an. Ein 79er Bunnahaibn von der Ostküste erwartet uns, der sich wie „Bunn-a-hav-an" spricht und schon deutlich nach Meerwasser schmeckt. „Die Insel-Whiskys haben einen strengen Eigencharakter", erklärt Gordon, „die Inselbewohner würden ihren Whisky gar nicht trinken, wenn er nicht diesen Stich von Salzwasser und Jod hätte."

Weshalb ausgerechnet auf den Hebriden das sauberste Wasser der Welt fließt, wie es die Werbung behauptet, will ich wissen. Wo es doch tiefbraun aus der Dusche kommt.

„Das liegt am hohen Torfgehalt", sagt Gordon, der jetzt bei einem ausdrucksstarken Ardbeg angelangt ist.

„Den Torf schmeckt man, und zwar deutlich."

„Nur am Anfang", weist der Meister mich zurecht. „Erst kommt der Torfstich, aber dann bei jedem Schluck die knusprige Süße des Malzes in Nase und Gaumen. Deswegen nennen die Brenner die erste Maische ja auch *sweetwater.*"

Wir trinken uns weiter auf die Orkneys, füllen unsere Gläser in der Brennerei des berühmten Highland Park in Kirkwall. „Eine der letzten Destillerien, die ihre Gerste noch selber mälzen", erläutert Gordon am Malt Whisky-Tresen. „Das macht den besonders feinen, differenzierten Geschmack, weil sie dem Feuer nicht nur Torf, sondern auch Heidekräuter und andere Rezepturen zusetzen, die sie geheim halten."

„Aber wenn man so über Land fährt, sieht man doch überall noch die Pagodendächer über den Dörrböden", wende ich ein.

„Reine Dekoration", gibt Gordon trocken zurück. „Die überwiegende Mehrzahl der Brennereien mälzt nicht mehr selbst, sondern holt die bereits gemälzte Gerste von der Mälzerei. Die Geschmacksunterschiede kommen eher vom Wasser, den Aromen oder von der Form der Brennblase."

Wird also doch geschummelt? Ist der Malt Whisky am Ende gar nicht so ein bodenständiges Produkt, sondern auch schon Industrieware?

Gordon schaut beleidigt. „Hör mal", sagt er, „Malt Whisky ist zehn oder zwölf Jahre lang totes Kapital. Was hätten wir davon, wenn die Brennereien so unrentabel würden, dass sie ihr Produkt verkaufen müssten, damit Blended Scotch daraus wird?" Aus seinen Worten spricht die grenzenlose Verachtung eines Malt-Trinkers für Mischprodukte, die Blends. „Aber Malts werden doch auch aus verschiedenen Fässern gemischt", bringe ich mein Wissen an den Mann.

In Gordon siegt der Pädagoge über den Patrioten. „Das sind Malts aus dem selben Brennverfahren, die vermischt werden, um den optimalen Single Malt zu bekommen. Und für Weicheier wie dich mischen die Destillateure meist auch Wasser darunter. Zeit, dass du mal einen Cask

Genuss pur: Whisky-Kenner delektieren sich an ihrem Malt vor dem knisternden Kaminfeuer

strength probierst, diese Malts werden nicht auf Trinkstärke herunterverdünnt, manche kommen mit bis zu 62 Prozent Alkohol auf den Markt."

Wir nehmen einen Bowmore Voyage Full proof, der einen stämmigen Alkoholgehalt von 56 Prozent aufweist, und zum ersten Mal schmecke ich das Aroma der Hafenstadt Bowmore. Das ganze erinnert stark an jene farblose Flüssigkeit aus der Brennblase, die wir in der Destillerie von Glenmorangie in Tain probiert haben: Das Zeug, das gerade in die Fässer abgefüllt war, hatte uns fast ein Loch in die Zunge gebrannt, und es erschien ganz und gar ausgeschlossen, dass daraus einmal jener feine, nach Vanille duftende Malt Whisky entstehen sollte, auf den die „Sixteen Men of Tain" – von je her sind es nicht mehr und nicht weniger als 16 tatkräftige Männer, die Glenmorangie herstellen – so stolz sind.

„Jetzt gieß dir Wasser ins Glas", sagt Gordon milde. „An diesem Bowmore wirst du sehen, warum der Brennmeister Millimeterarbeit machen muss, den *middle cut* punktgenau abtrennen von *foreshot* und *feints*, dem fuseligen Vor- und Nachlauf."

Stimmt, bei dem Volumen würde einen jeder Tropfen Fusel vom Hocker holen. Schon so müssen wir durch ein ziemliches Brennen im Gaumen zur Seele der reinen Gerste vordringen.

Die Route des nächsten Whisky-Abends beginnt an der Ostküste. Ein kräftiger Aberlour hilft, das gewöhnungsbedürftige schottische Mittagsmahl zu verdauen, und ich verstehe, warum bereits 1578 Whisky als Medizin gegen praktisch alle bekannten Krankheiten verschrieben wurde.

Nach einem Abstecher über Knockando – „einfach ein Klassiker", sagt Gordon beiläufig, schnüffelt nicht groß, sondern bewegt den Schluck eine Weile im Mund hin und her und stößt ein wohliges „Aahhh" aus – stehen die Lowlands südlich von Glasgow auf der Getränkekarte.

Mein Reiseführer kredenzt einen zehnjährigen Auchentoshan aus Dalmuir am River Clyde, der sich bescheiden The Lowland Malt nennt. „Die Lowland Malts", doziert Gordon ins Dunkel der Lochside Bar, „sind, wie die Landschaft auch, milder als das raue Hochland. Charakter bekommen sie, wenn sie dreimal, statt wie in den Highlands zweimal, gebrannt werden."

Den Ausruf „Zitrone!" lässt Gordon mir durchgehen. „Wart's ab, je weiter wir uns in die Lowlands vertiefen, desto fruchtiger wird es."

Und tatsächlich: Der 86er Bladnoch aus Wigtown an der Südwestküste schmeckt beinahe wie ein Obstbrand. Und der Littlemill, ein Malt aus Bowling am Fuße der Kilpatricks, erinnert wahrhaftig an einen Obstgarten voller Birnen, Zwetschgen und Kirschen.

Angeblich ist Littlemill die älteste Whisky-Brennerei; schon 1772 wird urkundlich erwähnt, dass man dort ein Haus für den Steuerbeamten, den natürlichen Feind des Whisky-Brenners, habe bauen müssen. „Du kannst dir vorstellen, wie beliebt diese Herrschaften waren, vor allem früher, als sie aus England kamen", sagt Gordon. „Da haben manche Brenner sich besondere Mühe gegeben, schwarz zu brennen. Deshalb auch die Geheimnistuerei um Rezepte und Verfahren."

Wir haben noch Zeit für ein großes Finale. Für einen Full proof aus der Clynelish Distillery, eine der nördlichsten Brennereien Schottlands.

Direkt vom Fass, wenn man so will. Erst cremig, dann rau, später schicken die 57 Prozent Alkohol eine ganze Ladung Gerste, etwas Seetang und einen Hauch von Kirsche tief in den Magen hinab.

Gordon schraubt seine 1,85 Meter vom Hocker hoch. Er schwankt, aber er fällt nicht. „Man kann von Whisky gar nicht umfallen", behauptet er. „Ist doch nur Gerste, Wasser und Hefe."

Schon recht. Aber Wasser mit tausenderlei Unterschieden, über tausenderlei verschiedene Gesteinsarten geflossen, mit Torf- und Seetanganteilen, oder aus den Obstböden der Lowlands. So vielfältig wie Schottland halt.

Nein, nein, umfallen werden wir schon nicht. Aber vielleicht zeigt Gordon mir morgen das Ungeheuer von Loch Ness. Tief auf dem Boden eines Whiskyglases natürlich.

Riesige Kupferkessel mit Schwanenhälsen sind Markenzeichen jeder Destillerie

Fotos: Markus Dlouhy, Arthur F. Selbach

MERIAN TIPP MALT WHISKY TRAIL

Das Geheimnis der Malt-Aromen liegt in den Fässern und der langen Reife

Mehr als die Hälfte der schottischen Malt-Whisky-Produktion stammt aus der Gegend um den River Spey. Auf 110 km führt der Whisky Trail zu sieben Brennereien und einer Küferei. Die fünf Grundnoten des Whisky – Malzgehalt, Spuren von Torfrauch, Fruchtgeschmack, Holz und eine Prise Salz und Meer – trainieren auf dem Trail die Geschmacksnerven. Mehr als beim traditionellen *wee dram*, dem „kleinen Glas" am Ende einer Brennerei-Besichtigung, lernt man bei einem Whisky Tasting. „The more you know the more you enjoy", heißt es treffend. Informationen unter www.maltwhiskytrail.com und in der Whisky-Lounge unter www.merian.de/magazin

❶ CARDHU
Knockando, Tel. (01340) 872555, Mo-Fr 9.30-16.30, im Sommer auch Sa 9.30-16.30, So 11-16 Uhr, Eintritt 2 £ Einzige Destillerie, die je von einer Frau geleitet wurde. Sachkundige Führungen

❷ DALLAS DHU
Forres, Mannachie Road, Telefon (01309) 676548, April-Sep. tgl. 9.30-18.30, Eintritt 3 £ Erkundung der Brennerei aus viktorianischer Zeit auf eigene Faust

❸ GLENFARCLAS
Ballindalloch, Tel. (01807) 500245, April-Sep. Mo-Fr 9.30-17, Juni bis Sep. auch Sa 9.30-16.30 Uhr, Eintritt 3.50 £, www.glenfarclas.co.uk Seit fünf Generationen im Besitz der Familie Grant. „Nosing" und „Tasting" nur nach Voranmeldung

❹ GLENFIDDICH
Dufftown, Tel. (01340) 820373, Mo-Fr 9.30-16.30, April-Okt. auch Sa 9.30-16.30, So 12-16.30 Uhr, Eintritt frei, www.glenfiddich.com Familienbetrieb seit 1887. Glenfiddich und die Schwesterdestillerie Balvenie (nicht zu besichtigen) schöpfen aus der hauseigenen Robby Dhu Quelle

❺ GLEN GRANT
Rothes, Telefon (01542) 783318, März-Okt. Mo-Sa 10-16, So 11.30-16 Uhr, Juni-Sep. tgl. bis 17 Uhr, Eintritt 2.50 £ Brennerei mit viktorianischem Garten

❻ GLENLIVET
Glenlivet, Tel. (01542) 783220, März-Okt. Mo-Sa 10-16, So 12.30-16, Juli, Aug. tgl. bis 18 Uhr, Eintritt 2.50 £, www.theglenlivet.com Südlichste Destillerie des Malt Whisky Trail – mit riesigen Zoll-Lagerhäusern

❼ STRATHISLA
Keith, Tel. (01542) 783044, März-Nov. Mo-Sa 9.30-16, So 12.30-16 Uhr, Eintritt 4 £, www.chivas.com 1786 eröffnete Destillerie. Hier wird Chivas Regal gebrannt. Ideal, um den Prozess des Whisky Blending kennen zu lernen

❽ SPEYSIDE COOPERAGE
Craigellachie, Tel. (01340) 871108, Mo-Fr 9.30-16.30, Juni-Sep. auch Sa 9.30-16.30 Uhr, Eintritt 2.95 £, www.speysidecooperage.com Einblicke in die Handwerkskunst der Küfer. Jährlich werden hier etwa 100000 Eichenfässer gebaut und repariert

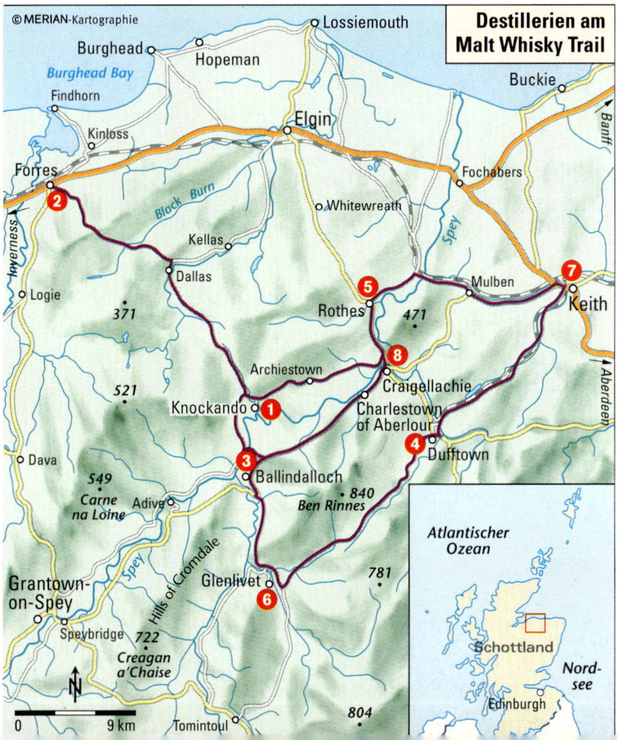

DRAMBUIE

Sean Connery trinkt ihn angeblich, wenn er erkältet ist. Girlies lieben ihn mit Champagner und Erdbeeren. Modezar Alexander McQueen genießt ihn als zart schmelzendes Sorbet.

Drambuie, traditionsschwerer Likör der Schotten, hat seinen Weg aus der Feldflasche von Bonnie Prince Charles in die Moderne gefunden. *Dram buidheach,* der gälische Name für einen „Trank, der zufrieden macht", tröstete den 23-jährigen Prinzen, als er 1746 nach der verlorenen Schlacht von Culloden gegen die Engländer auf die Isle of Skye floh. Er fand Zuflucht bei John MacKinnon of Strathaird und überließ dem Verbündeten das Rezept seines Lebenselexiers.

Seither produzieren die MacKinnons den aristokratischen Mix aus besten Whiskysorten, Honig und Kräutern. Anfangs nur im Geheimen, seit Beginn des 20. Jahrhunderts ganz offiziell und im großen Stil: 1909 zog das Familienunternehmen von Skye nach Edinburgh. Im Ersten Weltkrieg hielt die britische Regierung die Moral ihrer Militärregimenter mit Drambuie aufrecht. 1969 wurde die heutige Likörfabrik in Kirkliston nahe der schottischen Metropole eröffnet. Da hatte Drambuie als einziger Likör bereits den Weg in die Weinkeller des House of Lords gefunden.

Getrunken wird der süße Schotte heute weltweit. Pur, on the rocks oder als Cocktail. Deren berühmtester ist Rusty Nail – Drambuie und Whisky zu gleichen Teilen gemischt, wobei der Likör oben schwimmt. Klebrig wie Honig, scharf wie Whisky: Heute steht Drambuie für Schottland wie Ewan McGregor im Tartankilt. Cool und doch traditionell. Und leicht daneben.

CATHARINA DUFFT

Viele wollen es gesehen haben, aber niemand hat es bisher gefangen: Seit Jahrhunderten belebt das Ungeheuer im Loch Ness die Fantasie. Nessie-Forscher Adrian Shine geht den Dingen auf den Grund

Warten auf Nessie

Haben Sie Nessie jemals gesehen?
Grundsätzlich werden Sie umso mehr Loch-Ness-Monster sehen, je weniger Erfahrung Sie mit dem See haben. Je länger man am Loch Ness ist, desto weniger Ungeheuer sieht man.
Ihnen kam nie etwas merkwürdig vor?
Zugegeben, hier herrscht eine besondere Atmosphäre. Loch Ness ist 37 Kilometer lang; ein schmaler See mit eigentümlichen Effekten. Manche betrachten ihn als sinistren Ort. Ich lebe seit 1979 hier und weiß nicht, ob ich dem zustimmen kann.
Was unterscheidet Loch Ness von anderen Seen Schottlands?
Geographische Eigenheiten, die ihn für Illusionen zugänglicher machen. Loch Ness ist ein Salzadersee und war noch vor 20000 Jahren vergletschert. Er hat ein riesiges Volumen, das sich nur langsam erwärmt. Das beeinflusst die untersten Luftschichten: Schwimmende Objekte werden wie bei einer Fata Morgana optisch in die Höhe gezogen.
Lässt sich damit Nessie erklären?
Das ist nur eine Version von vielen. Die Erwartungen der Besucher spielen eine große Rolle. Wer dann wirklich etwas sieht, einen Felsbuckel im Nebel etwa, wird ihn eher als Ungeheuer interpretieren als an anderen Seen.
Wie kam es zum Nessie-Boom?
Ich glaube an einen soziopolitischen Hintergrund. In den 1960ern war Loch Ness eine Form des Protests gegen das wissenschaftliche Establishment. Das ging bis in die siebziger Jahre, die große Zeit der Amerikaner und ihrer Unterwasseraufnahmen. Die achtziger Jahre brachten Maggie Thatcher, Ronald Reagan und den Wechsel zum Pragmatismus. Wissenschaftler kamen nach Loch Ness – nicht um das Ungeheuer zu jagen, sondern um Fragen danach auf den Grund zu gehen. Wir Forscher sprechen bei Nessie deshalb von einem „Phänomen".
Wo liegt die Grenze zwischen Fantasie und Wirklichkeit?
Eine klare Trennlinie lässt sich nicht ziehen. Man kann nur genau prüfen, und das tue ich. Die meisten Augenzeugenberichte können durch Banalitäten erklärt werden: durch Bootswellen etwa, die für Nessie gehalten werden.
Gibt es wissenschaftliche Erklärungsversuche für Nessies Existenz?
Ja, gestützt auf Sinnestäuschungen und die erwähnten Naturphänome. Wir haben eine Website eingerichtet, worin Erscheinungen, die bis ins 6. Jahrhundert zurückgehen, zusammengestellt sind. In jedem Fall stehen die Augenzeugen in Opposition zu den Wissenschaftlern, die Nessies Existenz ausschließen, schon deswegen, weil Loch Ness kein Nahrungsreservoir hat, das ein größeres Tier oder gar eine ganze Population ernähren könnte.
Einige Forscher verweisen auf den Quastenflosser, ein urzeitliches Lebewesen, das überlebt hat. Sie glauben, Nessies Entdeckung komme erst noch. Wäre es möglich, dass Nessie zur Familie des Plesiosaurus gehört, wie häufig behauptet wird?
Loch Ness wäre der letzte Ort, um einen Vertreter dieser Spezies zu finden. Der See ist zu kalt. Wenn überhaupt ein größeres Lebewesen im See sein sollte, dann müsste es ihn erst nach der Eiszeit besiedelt haben. Plesiosauren lebten im warmen Flachwasser der Ozeane, das letzte Exemplar wurde vor 65 Millionen Jahren zum Fossil.

Nessie gehöre zur Spezies der Plesiosaurier, ausgestorben vor 65 Millionen Jahren, behaupten Forscher

Sie vertreten die Theorie, Nessie sei ein großer Stör. Liegt darin die Lösung?
Ein verirrter Stör braucht kein Nahrungsreservoir, und Augenzeugenberichte wären erklärbar, denn in Großbritannien rechnet niemand mit dem Auftauchen eines solchen Fisches, auch wenn er hier schon gesichtet worden ist. Ich wäre jedenfalls froh über einen drei Meter langen Stör.
Das klingt nach reiner Spekulation.
Darin liegt der eigentliche Spaß. Ich bin als der „Fischmann" bekannt und finde „Plesiosaurusmänner" absurd. Aber letzten Endes können Sie Mythen nicht durch Wissenschaft aus der Welt schaffen. Wenn Menschen an etwas glauben wollen, dann tun sie es.
Brauchen wir Nessie als eines der letzten Rätsel der Welt?
Ja. Wir brauchen Drachen.
Wozu dann all die Versuche, Nessie zu fangen? Das „Phänomen" schadet niemanden, warum lässt man es nicht in Ruhe?
Da unterschätzen sie die menschliche Neugier. Aber ernsthaft: Der Versuch, Nessie zu fangen, ist heute eine ziemlich überholte Angelegenheit.

Catharina Dufft, *freie Journalistin aus Berlin mit Affinität für Märchen und Mythen aller Art, führte das Gespräch.*

Adrian Shine betreut das wissenschaftliche „Loch Ness & Morar Project" und die Website www.loch-ness-scotland.com

Fotos: Axel M. Mosler, Colin McPherson

Golf ist in Schottland ein Spiel, das allen gehört. Auf den Plätzen treffen sich Arbeiter und Intellektuelle, Adlige und arme Schlucker. Das Pitchen und Putten ist Ausdruck einer jahrhundertealten Kultur. Notizen einer Inspektionsreise in die schottische Seele

Paradies mit Löchern

Text: Hans Borchert
Fotos: Max Lautenschläger

Der Weg zum Champion ist weit: Die Schläger geschultert, durchmisst die Generation Golf das Grün

Natürlich spielen. Das erste Ping noch vor dem ersten Hahnenschrei. Ohne Pause über Mittag. Kurze Rast erst gegen drei. Gesüßter Tee mit Milch, Gebäck. Und weiter. Selbst noch am Abend, im letzten Dämmerlicht. Gleich Sternschnuppen stoben die Bälle davon. Auf Nimmerwiedersehen. Verglüht, verloren. Aber wir, wir waren selig.

171 Löcher in sieben Tagen auf zwölf unsterblich schönen Plätzen. Schwingen, abschlagen, einlochen. Golf und Golf und nur Golf. Sie sagen: verrückt. Ich aber sage: Wir wollen vom Leben alles. Und manchmal kriegen wir es. Also – lasst uns schwärmen.

Von Schottland. Oder genauer: von der Grafschaft Fife. Gelegen zwischen Firth of Forth und Firth of Tay. In Edinburghs Vorgarten, sozusagen. Vom Airport nur eine Möwenflugstunde bis dahin. Und doch so fern. Das Königreich des Golfs. Wer von dort die Welt betrachtet, denkt sich die Erdkugel als kleinen, weißen Ball. Er neigt sein Haupt in Demut, greift zu Holz 1 und lauscht dem Satz der Sätze: „Please, Gentlemen, play away."

Gen St. Andrews also zogen wir. Gemächlich und ohne Hast. Der Weg war unser Ziel. Zugegeben: Keine ganz normale Reise. Wir nannten es eine Wallfahrt. Die Schläger geschultert, durchmaßen wir das Land. Von Saline, nahe der Grenze zur Grafschaft Perth, bis zur Wiege des Spiels, dem grünen Allerheiligsten, dem wogenumspülten Old Course.

Kaum 70 Kilometer Luftlinie von Ost nach West. Dazwischen, auf grasgrünen Samt gebettet, Smaragde, Rubine, Brillanten. Golfplätze wie Edelsteine. 43 an der Zahl. Die hießen: Aberdour und Kinghorn, Dunfermline und Lundin, Elie und Anstruther, Kingsbarns und Cupar.

Der Herbst schickte seine ersten Boten. Wirbel aus goldenem Blattwerk. Er schenkte dazu Tage, deren Himmel waren kalt wie Stein. Uns fröstelte. Dann wieder rissen Winde an uns, die jagten die Wolken. Daraus stürzte das Licht zu Boden.

Natur im malerischen Wetterwechsel. Es nieselte, regnete, schüttete. Es trocknete, dampfte, leuchtete auf. Erstrahlte. Skizzen in Blei, zart getupfte Aquarelle, kräftiges Öl. Satte Töne. Blau, blauer denn blau. Grün, immer noch grüner. Uns stockte der Atem. Es war eben so: unbeschreiblich.

Bilder wie diese finden sich im blank geputzten Spiegel unserer Seele. Bunte Kalenderblätter einer fröhlichen Himmelfahrt. Natürlich waren wir mit gebotenem Ernst bei der Sache, notierten auch jede Menge. Allem voran: Schlag auf Schlag. Birdies, Pars und Bogeys. Buchhalterarbeit. Akribisch, mit Bleistift, verrichtet.

Brüchiges Gummiband schnürt jetzt die Score-Karten zu Päckchen. Daheim werden sie eifersüchtig gehütet. Es sind Dokumente kühner Offensiven und schmählicher Rückzüge. Protokolle der Siege über das Selbst. Die Vergeblichkeit des Seins, darüber gallenbittere Klagelieder. Grandiose Triumphmärsche, kleinlaute Abgesänge. Ach, von allem alles.

Um es mit Heinrich Heines Worten zu sagen: Wir haben das Wunderbarste gesehen, was die Welt dem staunenden Geiste zeigen kann. Und wir staunen noch immer – über die mächtigen, Kraft spendenden Wurzeln einer Jahrhunderte währenden und wachsenden Kultur. Die Exklusivität der Normalität auf Plätzen, ehrwürdig wie Methusalem. Auch über die Seele des Spiels und ihr Echo im Herzen der Schotten. Oder war es umgekehrt?

Unter denen, die wir trafen, waren Arbeiter und Intellektuelle. Geldadel und arme Schlucker. Unterschiedslos, immer alle miteinander. Jeder mit jedem. Kinder darunter, in löchrigen Hosen, aber gesegnet mit göttlichem Schwung. Greise Veteranen, auch die. Drew Robertson war so einer. Er spielte noch mit Hölzern aus Holz. War 74 Jahre alt, Golfer seit 51 Jahren, und er drehte täglich seine Runde. Der Tag der Hochzeit, die Geburt der Kinder, die Beerdigung der Gattin – kein Tag ohne Drew auf dem Platz. So erzählte er es, und ein Lächeln längte seine Lippen.

Lundin Links war Drews Heimat. Ein Platz wie aus dem Geschichtsbuch. Bespielt seit mehr als 100 Jahren und einst geteilt von der Bahnlinie nach St. Andrews. Darauf wies der Name von Loch 17 hin: „Station".

Das Meer in graziösem Schwung vor runden weichen Graskuppen. Lar-

Mit Schwung durchs Leben: Die Kinder von Anstruther lernen früh, worauf es ankommt

Ballgeflüster. Golf ist Arbeitersport

Von Green zu Green: Am Ende einer Partie Golf stehen Billard und Manöverkritik

Lebensmittel: Golfbälle und Büchsenbier lagern im Supermarkt dicht an dicht

Verschwunden im schwarzen Loch

Ball im Aus: Die Senioren des Leslie Golf Club sind auf der Suche

Ein himmlischer Platz: Der Old Course of St. Andrews ist das Mekka aller Golfer

go Bay. Mächtige Sandbunker, gebannte Blicke. Das Clubhaus ein gischtweißes, von Türmchen geziertes, viktorianisches Relikt. Darinnen schweres Ledergestühl. Darinnen Edelholztafeln mit den Namen der Sieger und Captains aus versunkenen Jahrzehnten. Goldene Hieroglyphen. Darinnen eine Bar mit den feinsten Malt Whiskys des Landes und den profansten Bieren. Darinnen Alt und Jung, die einen beim Schwätzchen, die anderen bei einer Partie Snooker.

Sitzen und schauen! Hinaus. Durch Panoramascheiben aufs Meer. Hinweg über den Platz. Und weiter. In die Ferne. Hinüber über eine Bruchsteinmauer zum nächsten Platz, zur nächsten Geschichte. Zwei Plätze wie siamesische Zwillinge. Gemeinsam geboren auf hartem Grund. 1868 war das. Nun getrennt. Ihr da drüben und wir hier. In Freundschaft. Leven und Lundin Links.

Wir spielten auf beiden, und keiner fragte nach unserem Handicap. Spielerlaubnis für jedermann. Obwohl doch Championship-Plätze. David Webster, der Hüter des kleinen Shop, bemühte eine schottische Weisheit. „Golf is an easy game, but it's hard to play." Sollte jeder wissen.

Unsere Gedanken schweiften voraus. Manchmal schien es, als leuchteten uns die Sterne heller. Näher, immer näher rückte St. Andrews. Schon lag der halbe Weg hinter uns, und rückblickend spielte ein jeder von uns des Abends den Stichwortgeber.

Anfangen, wo alles anfing. Gewiss doch, Saline. Ein kleines Städtchen am Fuße der Ochil Hills. Neun Löcher. Steil bergan, steil bergab. Windstill unten, von Böen gepeitscht der Gipfel. Das Grün von Bahn 5 und ein Blick, den nannten wir „forever". Der ging nahezu bis Edinburgh. Nicht schlecht für nur fünf Pfund Spielgebühr.

Im Vereinshaus saßen William McNair, 65, und seine beiden Söhne. Clubmeister, sie alle drei. Jeder zu seiner Zeit. „Golf", schnarrte William, „ist in Schottland Arbeitersport. Jeder kann es sich leisten." 25 Pfund Aufnahmegebühr, 170 Pfund Jahresbeitrag, Wochenkarten für 40 Pfund und Teilnahme an Meisterschaftsspielen der Clubs von Fife – ganze 10 Pfund.

Snobs nannten sie in Saline „toffee nosed people". Ihr Clubhaus diente nicht nur den Golfern, sondern gleich dem ganzen Dorf. Als Kneipe, Tanzsaal und Bingo-Spielhalle. Tradition, tief verwurzelt in den Anfangsjahren. Es waren Bergarbeiter, die den Saline Golf Course anlegten. Während eines Minenstreiks. Wie herrlich.

Die nächsten Stationen? Dunfermline und der Gedanke: Wie erholsam sind Golfplätze, die leer sind! Dieser gegründet 1887. Heimat von Robert Lockhart, der anno 1890 den Amerikanern das Golfen nahe brachte. Das Clubhaus – ein 600 Jahre altes Schloss. Und Bäume standen da, Bäume? 300 Jahre alte Riesen.

Danach Aberdour. Die Forth Bridge rechter Hand. Verstrebtes Gitterwerk wie ein stahlgenietetes Mieder. Abschlag zum Grün der Bahn 2 durch eine Felsenlücke. Hinweg über säuselnde Dünung: Flieg, du kleines Bällchen, flieg. Nervenflattern davor und ewige Manöverkritik danach. Selbst noch beim *pint of Lager* im Clubhaus. Hätte, wäre, wenn und aber. Egal und cheers und – bitte: das Handy ausgestellt. Verboten in schottischen Clubräumen, auf schottischen Plätzen. Dieses Volk hat noch Kultur.

Weiter. Über Kinghorn nach Leslie. Neun Löcher im Hinterhof einer Arbeitersiedlung. Spielen und dabei den Werktätigen beim Leben zuschauen. Wie sie nach Hause kommen, sich zum Essen an den Tisch hocken. Wie sie streichen, hämmern, reparieren. Oder schnell noch eine Runde drehen. So wie wir.

Und dann Falkland. Ein winziges Städtchen. Mit kleinem Jagdschloss und großer Geschichte. Maria Stuarts Refugium vor der Welt. Tennis lernte sie hier, mit ihren Falken streifte sie durch die Wälder. Im 16. Jahrhundert war das, und Golfen war verboten. Per Edikt von König James II. Seine Männer, so wollte es der Monarch, sollten sich besser im Bogenschießen üben. Es ging, wie immer, gegen England.

Es war eben jene Örtlichkeit, an der Lynn in unser Leben trat. Windstill war es, die Natur hielt ein Nickerchen. Barmherzige Stille ringsum, da erscholl ein Schrei. „Fore", brüllte es, also: „Achtung Leute, da kommt ein Ball. Geht in Deckung!" Das kleine Geschoss sauste derweil durch die Luft und bohrte sich mit sattem „plopp" in weiche, gut gelockerte Erde. Und zwar keine 30 Zentimeter neben einer wohl proportionierten Gärtnerin. Nicht, dass die Frau besonders erschrocken wäre. Sie jätete weiter Unkraut und schaute erst auf, als wir vor der kleinen Gartenpforte auftauchten. Da erhob sie sich zu stattlicher Größe, glättete die karierte Schürze und sprach den erstaunlichen Satz: „Junger Mann, sie hätten Eisen 8 nehmen sollen."

Donnerwetter.

Das war Lynn McEvan, Clubmeisterin des Falkland Golf Club in Fife. Mutter dreier Kinder, Handicap 12.

Aber nun: auf Leven folgt Lundin und auf Lundin folgt Elie. Ein hübscher Ort im Ausruhestand. Refugium betuchter britischer Rentner. Los, los. Es wartet schon Mister Lindsay Terras. Stolzer Eigner einer adretten Bettstätte. Bed & Breakfast. Mitglied dazu im Elie Golf House Club.

Lindsay stellt uns vor. Führt uns ein. Das ist nötig, denn die Zeit steht still in Elie. Zutritt zum Clubhaus nur für Mitglieder. Haupteingang für Gentlemen. Nebeneingang für Ladies. Von acht bis zehn Uhr dürfen Frauen nicht auf den Platz. Und zum Smoking Room, dem gemütlichsten Raum des Hauses, haben sie keinen Zutritt. Wiederum: Die Damen halten eine eigene Barlizenz. Die Damen zahlen weniger Beitrag und Greenfee. Überhaupt: Die Damen kochen gerne ihr eigenes Süppchen. Und das seit 1884.

Was zu betrachten ist: In der Ladies' Lounge Korbsesselchen statt schwerem Leder. Bridgetische. Sherrygläser auf dem Sideboard. Darüber Bilder, goldgefasste Fotografien. Die Ahnengalerie. Golfmode im Wandel der Zeiten. Die hübsche Alex Flowers, Champion 1925, in langem Rock, mit Stiefeln und ausladendem Hut. Ann Dorsay in Knickerbockers. Anno 1951. Vielleicht war die Kleidung nicht so bequem, sagt Irene Murrays Blick. Aber hatte diese Zeit nicht Stil?

Sie hatte, und so viel ist gewiss, ihre kleinen Sensationen. U-Boote gehörten dazu. Eines, das im Ersten Weltkrieg gegen die Deutschen fuhr, hieß Excalibur, und weil Elie am Meer liegt, ist ein Teil dieses Schiffes noch heute im Einsatz. Das Periskop. Sich solches auf einem Golfplatz vorzustellen, dazu reicht selbst kindliche Fantasie nicht aus. Und doch: Da ragt es, acht Meter hoch, aus dem Dach des Starterhäuschens heraus. CK 15, U-Boot-Periskop, Seriennummer 293. Gebaut von Barr & Shout, Glasgow.

Ken Murray, einstmals Police Officer, geht gerade auf Tauchtiefe. Schaut

In schottischen Golfclubs steht die Trennung der Geschlechter obenan

Schutz für den Engel: Ein Zaun trennt in Cupar die Gräber vom Golfplatz

durch das Seerohr und kontrolliert das Grün der Bahn 1. Vom Abschlag aus ist der kleine Flecken Land für die Golfer nicht zu erspähen. Sie spielen blind einen Hügel hinan. Nur eine weiße Richtungsstange weist den Weg.

Wie Männer zu Kindern werden, darüber könnte Ken Murray ganze Bücher schreiben. Ein jeder Gast will einmal Kapitän auf großer Schleichfahrt spielen. Wir auch. Ein Gedränge ist das und gar mancher macht militärisch Meldung. „Grün 1 frei.“ Oder: „Möwe auf Abschlag Bahn 14.“ Was für ein Heidenspaß. Fast vergessen, warum wir eigentlich kamen.

Natürlich spielen.

Tage gibt es, da bräuchte man Blei in den Schuhen. Das ist so einer. Die Wolken, von Furien gehetzt. Schwarz über kochender Brandung. Salz netzt die Haut. Aber spielen. Hinunter zum Meer. Einmal im Leben Bahn 13. Gelistet in der Liste der 500 schwersten Löcher der Welt. Das muss sein. Vorneweg Lindsay. Die drahtige Figur wie im Schattenriss. Welch majestätischer Schwung. Wieviel Gefühl beim Putten. Ach, was für ein Stilist. Und wir? Im Rough. Im Aus. Im Kaninchenloch. Uns trifft der Zorn des Himmels.

Was für ein Tag. Stoff für das große Golf-Latinum. Abgelegt zu später Stunde in der Golf Tavern, „Loch 19“ genannt. Dort scheint uns wieder die Sonne. Und Lindsay erzählt: Wie alles und jeder beginnt. In Schottland. Sie waren vier Buben. Sie nahmen die alten Schläger der Väter. Und gingen einfach mit. Schauten und lernten. Chippen. Pitchen. Putten. Schwingen. Probierten. Oft stundenlang.

Greenkeeper vertieften die Lehren des Lebens. Wettergegerbte Köpfe, darinnen unzählige Geschichten. Über das Gras, den rechten Schnitt. Schnelle Grüns, langsame Grüns. Die Tücken der Bunker, die Tiere des Platzes. Über Etikette und Strategie. Den Wind und was passiert, wenn er schläft. Auch über Gott und das Wörtchen Demut. Geduld und die Zügel heißer Leidenschaft. Gab es je Golflehrer? Übungsbälle auf der Driving Range? Erstauntes Schulterzucken. Wozu?

Niemand fährt ungestraft zum Golfen nach Schottland. So ziehen wir weiter. Über Anstruther, wo uns Greenkeeper-Lehrling Nicola eines der gruseligsten Par-3-Löcher der Welt zeigt. „The Rockies“. Wie soll man das beschreiben? Du stehst auf einem Plateau. Steil stürzt die Klippe ins Meer. Unten, handtuchbreit, blinkt Rasen. Dorthin soll der Ball. Einem gelingt der Schlag. Noch am Abend ist er ganz trunkene Seligkeit.

Dann Crail. Golfing Society nunmehr seit 1786. Zwei 18-Loch-Plätze nebeneinander. Beide Beleg schottischer Golfarchitekten-Wahrheit: „Gott hat viele Plätze angelegt, wir Menschen müssen sie nur entdecken.“ Dann Kingsbarns. Eröffnet im Juli 2000. Das Kontrastprogramm. Denn dort wurde dem Allmächtigen geholfen. Mit Bulldozern. Und plötzlich dreht sich die Welt und ist wieder alt und vertraut. Feines Volk, fremdes Volk. Zahlungskräftig. Japaner, Amerikaner, Kontinental-Europäer. Nicht mehr 10 Pfund für eine Runde. In Kingsbarns sind es 105. Plus 30 Pfund für den Caddie#. Plus 10 Pfund Tip.

Schon kippt die Stimmung. Haben wir den Schlagbaum verpasst? Wo ist unser Schottland? Noch acht Meilen bis St. Andrews. Unterwegs eine Golf-Großbaustelle. Ein neues 60-Millionen-Pfund-Prestigeobjekt. Aufgewühlte, geschundene Erde. Uns, die wir das Paradies gesehen, schaudert.

Wenig später erreichen wir Golfers Heiligtum. The Old Course. Davor, düster gleich einem Mausoleum, das Clubhaus des Royal and Ancient Golf Club. Ziel unserer, Ziel jeder Wallfahrt. Pilger in rauen Mengen. Aber keine Startzeit. Nicht heute, nicht morgen, nicht nächsten Monat. Wer frustrierte Amerikaner, enttäuschte Japaner erleben möchte – er fahre dorthin.

Ein Spaziergang im Abendlicht. Über den Platz der Plätze. Strath, Shell und Hell Bunker. Das berühmt-berüchtigte Road Hole, Swilton Bridge. Valley of Sin. Geistesberührt. Durch die Luft schneidet ein letzter Ball. Leise. Ein herrlicher Ton.

Das ist unser Abschied. Durchs Inland windet sich das Sträßchen nach Cupar. Für eine Runde ist noch Zeit. Auf dem ältesten 9-Loch-Platz der Welt. Gegründet 1855. Die Einfahrt zum Clubhaus ist zugleich die Einfahrt zum Friedhof. Oben am Hang, dort wo eine Mauer das Reich der Toten vom Reich der Golfer trennt, steht auf dem Grab der Ruby Osborne, gestorben 27. Januar 1917, ein weißer Engel. Maschendraht schützt seine Flügel vor irdischen Fluggeschossen.

„Eines Tages gucken wir alle über diese Mauer", sagen die Männer von Cupar. Es sind dies: Ian McAulay, Supermarktleiter. Stuart Donaldson, Arbeiter im Holzwerk. Gary Muir, Dorfpolizist. Graham Townsend, Bäcker. Fergus Sharp, Ingenieur. Sie feiern den Saisonabschluss. „Aber zuerst", rufen sie, „spielen wir noch eine Partie." So ziehen wir über den Platz und sind weit mehr als die Etikette erlaubt. Was für ein Spaß.

Welch herrlich schottische Geschichte zum Schluss: Da starb vor Monatsfrist einer, und alle beneideten ihn um seinen Tod. Stewart Williamson war sein Name, und es war die letzte Birdie-Chance seines Lebens, als Gott eingriff und ihn hinter die Friedhofsmauer schickte. Keine 30 Meter entfernt vom Grün der Bahn 3. Darauf lag, ganz nah an der Fahne, sein Ball. Stewart wollte zum Putter greifen, fasste sich stattdessen ans Herz und schlug einfach um. Er wurde 63 Jahre und vier Monate alt.

Und was taten die Männer von Cupar? Sie ließen Stewarts Ball auf dem Grün. Drei Tage später trugen sie ihn entlang der Mauer zu Grabe. Als gesagt, was zu sagen, und gesungen, was zu singen war, blickten alle den Hügel hinauf zum Grün von Loch 3. Dort stand einer der ihren und spielte mit zittrigen Händen Stewarts letzten Ball. Er rollte 30 Zentimeter und verschwand im Loch. Die Trauergemeinde applaudierte. Man nahm Stewarts Score-Karte, trug drei Schläge ein und legte sie als letzten Gruß auf den Sarg.

Hans Borchert, *freier Reporter und Autor in Tetenbüll, war früher Chefredakteur der Zeitschrift* Sports.
Max Lautenschläger *fotografierte für* MERIAN *zuletzt in Krakau (5/2001). Er lebt in Berlin.*

MERIAN TIPP GOLF

GOLFPLÄTZE FÜR JEDERMANN

❶ ABERDOUR
Aberdour Golf Club, Seaside Place, Tel. (01383) 86 02 56, Fax 86 00 50 18 Löcher, Greenfee 17-35 £

❷ ANSTRUTHER
Anstruther Golf Club, Marsfield Shore Road, Tel. (01333) 31 09 56, Fax 31 22 83 9 Löcher, Greenfee 8-16 £

❸ CUPAR
Cupar Golf Club, Ceres Road, Tel. (01334) 65 35 49, E-Mail: secretary@cupargolfclub.freeserve.co.uk 9 Löcher, Greenfee 10-15 £

❹ DUNFERMLINE
Dunfermline Golf Club, Pitfirrane Crossford, Telefon (01383) 72 90 61 18 Löcher, Greenfee ab 21 £

❺ ELIE
Elie Golf House Club, Golf Course Lane, Tel. (01333) 33 03 01, Fax 33 08 95 18 Löcher, Greenfee 38-60 £

❻ FALKLAND
Falkland Golf Club, The Myre, Telefon (01337) 85 74 04 9 Löcher, Greenfee 8-15 £

❼ FIFE NESS
Crail Golfing Society, Balcomie Links, Tel. (01333) 45 06 86, Fax 45 04 16 18 Löcher, Greenfee 25-48 £

❽ KINGHORN
Kinghorn Municipal Golf Club, Mcduff Crescent, Tel. (01592) 89 09 78 18 Löcher, Greenfee 11.50-22 £

❾ KINGSBARNS
Kingsbarns Golf Links, Kingsbarns/St. Andrews, Tel. (01334) 46 08 60, Fax 46 08 77 18 Löcher, Greenfee 105-155 £

❿ LESLIE
Leslie Golf Club, Balsillie Laws, Telefon (01592) 62 00 40 9 Löcher, Greenfee 10-12.50 £

⓫ LEVEN
Leven Golfing Society and Leven Thistle Golf Club, Tel. (01333) 42 13 90, Fax 42 88 59 18 Löcher, Greenfee 29-45 £

⓫ LUNDIN
Lundin Golf Club, Golf Road, Tel. (01333) 32 02 02, Fax 32 973 18 Löcher, Greenfee 32-40 £

DER TOP-PLATZ

⓬ ST. ANDREWS
The Old Course of St. Andrews, Tel. (01334) 46 66 66, Fax 47 70 36, E-Mail: linkstrust@standrews.org.uk, www.golfagent.com

Reservation Office: Mo-Fr 9-17 Uhr, Hauptsaison: April-Okt., Spielzeit in den Sommermonaten ab 6 Uhr, Startintervall alle 10 Min., So kein Spiel 18 Loch, Par 72, Länge 6004 Meter. Bedingung: Handicap Limit 24 für Herren, 36 für Damen; Handicap-Bestätigung notwendig. Die Runde sollte in vier Stunden absolviert werden. Achtung: Der Old Course ist Monate zuvor ausgebucht. Anmeldung am besten 18 Mon. im Voraus. Einzelspieler können spontan anfragen. Flights werden im Losverfahren (tgl. 14 Uhr für den nächsten Tag) aufgefüllt. Doch die Chancen sind gering.
Greenfee: 85 £ in der Saison, 60 £ in der Nebensaison. Startzeit-Reservierung jedoch erst nach Eingang der Buchungssumme
Caddie-Kosten: 30 £ pro Runde zzgl. 3 £ Verwaltungsgebühr. Trinkgeld (10-15 £) wird erwartet, Caddie-Buchung: Tel. (01334) 46 66 33

Einladung zum Pint danach: In Cupar liegt das letzte Loch direkt neben dem Clubhaus

Im Zeichen des Karos

Der Tartan der Highlander kennt mehr als 1800 registrierte Muster. Wie einst die Clans haben sich Kitsch und Kunst des nationalen Labels bemächtigt, und nach dem Darunter unterm Kilt dürfen nur Kleinkarierte fragen

Text: Charlotte von Saurma

Sean Connery auf dem Weg zum Ritterschlag, Ewan McGregor beim Edinburgher Filmfest, Prince Charles auf Schottland-Reise und die Queen Mother in ihrem Haus in Birkhall – Tartan ist für alle Anlässe gut. Auch für feierliche

Fotos: Graham Lawrence, Christopher Sykes, action press

Kilt ist im Kommen. Studenten in St. Andrews schätzen ihn als modisches Accessoire

Tartan des Cameron Clans aus den West-Highlands

Farben der MacKintoshs nahe Inverness

Das Muster der Frasers vom Loch Ness

Bei traditionellen Tanzwettbewerben in den Highlands treten auch Mädchen in Schottenröcken an

Die Tartan Society hat mehr als 1800 Muster registriert. Schneider Geoffrey aus Edinburgh hat nicht wenige auf Lager

Das Karo der Erskins aus den Grampian Mountains

Die Elliots an der Grenze zu England tragen Blau

TARTAN IST DAS SYNONYM FÜR SCHOTTLAND. Der karierte Verpackungsstoff einer ganzen Nation, mehr oder minder bunt, in den alles eingewebt ist: Geschichte und Fiktion, Mythen und Militarismus, Pomp, Poesie und Politik. Ein irisierender Gemütsstoff, käuflich von Texas bis Tokio, in dem die Kettfäden die Fantasien, die Schussfäden die Fakten bilden. Und ein perfektes Gewebe für moderne Identitätsfindung, das wir Deutschen einfach „Schotten" nennen.

Schottland ist Tartan *from tip to toe:* der Kassenknüller seit zwei Jahrhunderten. Keine Keksschachtel, keine Teedose, keine Bonbonniere in diesem Land ohne Kleingemustertes. In den Souvenirshops stapeln sich in Folie geschweißte, kariert gewandete Soldatenpüppchen, ballen sich Röcke und Schals aus billiger Wolle. Touristennepp. Der Schotte dagegen meidet den Tinnef-Tartan, liebt aber das Qualitäts-Karo: In teuren Hotels bedeckt es Himmelbetten, hängt üppig seiden vor Fenstern, dämpft als schwere Auslegware die Schritte des Personals.

Schottenkaro ist noch immer der Stoff der Gentry, des reichen Landadels: Der weiß, was ihm zusteht – dafür gibt es Tartan-Museen, Tartan-Landkarten und vor allem den Lord Lyons King of Arms in Edinburgh, jenen obersten Verwalter aller Karos, der seit 1907 verordnet, wer wann und wie zu welchem Anlass was zu tragen hat: Kein Cameron würde den gelb-blau-roséfarbenen Buchanan-Stoff, kein MacDuff den blau-grün-gelben der MacEwans tragen. Am richtigen Karo erkennt der Schotte den richtigen Schotten, denn Tartanologie ist mehr als nur banale Label-Kenntnis.

UND TARTAN IST TRENDY. Vor allem als Kilt. Jener kniekurze, karierte Männerrock, vorn von einer schweren Sicherheitsnadel zusammengehalten, ist der Dress, der Prince Charles, Sean Connery, prominente Hochzeiter wie den Gatten von

Bonbons in karierter Hülle

Badelaken im Tartanlook

Lampenschirme im Schotten

Modischer Flachmann

Klassisches Viereck: Schalen und Teller

Shortbreads im Highland-Design

Liniertes Frühstücksbrett

Karo als Bordüre am Nähetui

Clanfarben auf Porzellan

Haarschleife für Tartan-Kids

Kariert einkaufen

Gästebuch für Schottland-Fans

Fotos: Jordis Schlösser, Scottish Country, Steve Vidler, Christopher Sykes, Gwenael Berthy

Da rauscht der Schotten: Tanzfest in den Ruinen von Castle Ceilidh in St. Andrews

Madonna und alle anderen Schotten schöner als jeder Smoking bei großen Anlässen und Banketten schmückt. Selbst waffenklirrende Kompanien wie die Royal Guard verlieren beim Aufmarsch in Röckchen an martialischem Schrecken. Ein erstaunlich konterkarierendes Stück Stoff, in seiner Form eigentlich ein Frauenkleid, das dennoch jeden Mann sexy macht. Mal abgesehen von der ewig gleichen, ewig frivolen Frage nach dem Darunter. Also der nackten Tatsache, von der schon ein gewisser Colonel Cameron im 18. Jahrhundert als „freier Zirkulation von reiner, gesunder Luft unter dem Rock“ schwärmte.

AUCH DER TARTAN ENTSTAND am Webstuhl. Farblich nuanciert durch die Wolle zweier unterschiedlicher Schafsrassen, also beigebraun gemustert. Karos und Streifen gab es in allen Kulturen unserer Welt schon in der Vorgeschichte. Das Wort „Tartan“ jedoch taucht erst im 16. Jahrhundert auf, als die Highlander ihre Wolle mit Pflanzen zu färben begannen. Sie waren eine gewebte Postleitzahl, denn auf Grund regionaltypischer Pflanzenfarben ließen sich Stoffe und damit auch Träger geographisch zuordnen. Damals bedeutete „Tartan“ einfach nur bunt und war eine sprachliche Adaption des französischen Wortes *tiretaine*, zu deutsch „Beiderwand“ – die Bezeichnung für einen wendbaren und beidseitig gleich gemusterten Stoff. Es war die Zeit, als Schottland enge politische Verbindungen zu Frankreich pflegte.

Der Stoff, mit dem wir heute die Clan-Society assoziieren, stammt aus dem 18. Jahrhundert. Aber die fixe Idee, dass unterschiedliche Karos schon damals Clan-Loyalität demonstrierten – also die McDonnells of Kinntyre, die Drummonds of Strathearn und andere Clans jeweils ihren Tartan in der Schlacht von Culloden trugen, jenem tragischen letzten Kampf 1746 um die schottische Unabhängigkeit –, das ist einfach hübsche Geschichtsklitterung.

Denn bis dahin war Tartan nur das klassenlose Tuch der Highlander. Ein vielseitiges Stück Stoff wie die Toga: eine Decke, ein „Plaid“, das über die Schulter geworfen in der Taille gegürtet und gefältet als eine Art Rock über dem Knie endete. Nachts diente es als Schlafsack, bei Kälte und Regen schützte es wie eine Thermodecke. Vor allem aber war das karierte Tuch der Nationaldress der Highlander und als solcher Label für jede gälische Kultur. Die aber bedeutete Rebellion, und darum auch das englische Verbot jedweden Tragens nach Culloden. Kein Tartan mehr von 1745 bis 1782, oder es drohte Gefängnis.

Mit Ausnahme der Armee. Denn die Highlander hatten das Image tapferer Heroen, und das britische Empire brauchte dringend Kämpfer für seine Napoleonischen Kriege. Da Uniform schon immer modischer Ideenlieferant war, Mode kaum kontrollierbar ist und ein Verbot ohnehin die beste Werbung, war Tartan sehr schnell *en vogue.*

1778 gründete sich in London die Highland Society. Und als in England die industrielle Revolution ausbrach, wurden die Highlands und Islands fashionable und der karierte Country Dress als poetischer Traumstoff gern getragen.

SEIN BESTER PROMOTER war Sir Walter Scott, Schottlands großer Dichter. Seine Romane und Balladen „The Lady of the Lake“, „Waverly“, „Rob Roy“ sind historische Fiktionen von gewaltigen Schlössern und tragischen Königen in einer romantischen Bergwelt. In

Fotos: Jordis Schlösser, Andrew MacPherson

Wahrheit kaschierte Freiheitsliteratur. Immer wieder Schottenröcke – so wurde Tartan zur Metapher schottischer Geschichte.

1822 besuchte George IV. Edinburgh – die erste Visite eines hannoverschen Königs seit der Schlacht von Culloden auf schottischem Boden. Und Scott machte ein pompöses Historienspiel daraus, mit Schwertern, Pistolen, Messern und einem trunksüchtigen Herrscher in vollem Schottenwichs.

Die Inszenierung geriet zum perfekten Product Placement und nachhaltigen, kommerziellen Erfolg für die heimische Stoffindustrie: Der Ort Bannockburn entwickelte sich zur Tuchmetropole.

Forciert wurde der Enthusiasmus ums karierte Tuch durch zwei angebliche Enkel des letzten Bonnie Prince Charles Stuart, die mithilfe eines alten Manuskripts die Zusammengehörigkeit von Tartanmustern und Clans nachwiesen: 1845 veröffentlichten die Sobieski-Brüder ihr Büchlein „The Costume of the Clans". Weder die zweifelhafte Abstammung der Autoren noch die Unauffindbarkeit des Originalmanuskripts konnte Schottland daran hindern, sich dem Regelwerk der Brüder entsprechend zu kleiden. Ihnen und Sir Walter Scott ist es zu verdanken, dass die Clans heute alle hauseigene Tartans haben – 1800 registrierte verzeichnet die Tartan-Karte.

Auch Queen Victoria forcierte den Tartan-Kult: Sie machte ihn zum häuslichen Chic der Royal Family. Ihre schottische Sommerfrische, Schloss Balmoral, war eine extravagante Sinfonie aus Tartan; sie persönlich bevorzugte den roten Royal Steward-Stoff für ihre Räume, Prince Albert, ihr Gemahl, entwarf das grautonige Balmoral-Muster, das bis heute der königlichen Familie vorbehalten ist.

MISSGÜNSTIGE STIMMEN sagen, Schottlands Image ersticke im Karo. Doch seit der Teilautonomie Schottlands ist Tartan von nationaler Botschaft befreit und modisch lockerer geworden. Inzwischen gibt es neue, interessante Designer-Tartans, auch hippe Kilts aus Plastikfolie.

Hawick in den Lowlands ist heute das Zentrum der Tartan-Industrie. Hier lässt Großbritanniens Mode-Queen Vivienne Westwood ihre fantastischen Schottenstoffe weben, mit der sie seit 1993 ihre Anglomania inszeniert.

Charlotte von Saurma *ist* MERIAN-*Redakteurin. Sie lebt im Wendland.*

Zurück in die Zukunft: Tartan-Schöpfungen von John Galliano und Vivienne Westwood

MERIAN TIPP TARTAN

Tartan begegnet Schottland-Besuchern bei jeder Gelegenheit. Die Grenzen zwischen Kitsch und Kunst sind fließend. Karierte Keksdosen und Teller, Tassen oder Püppchen gibt es in jedem Souvenirladen. Edles Tuch und Tartankleider, die schön und obendrein so gewebt sind, dass sich noch kommende Generationen daran erfreuen können, sind in Fachgeschäften erhältlich. Als Einstimmung empfiehlt sich ein Ausstellungsbesuch in der Old Town Weaving Company in der Nähe von Edinburgh Castle. Traditionsreiche, auf Tartan spezialisierte Familiengeschäfte reihen sich in der Royal Mile aneinander.

MUSEUM

EDINBURGH OLD TOWN WEAVING COMPANY
Edinburgh, 555 Castlehill, The Royal Mile, Tel. (01 31) 226 15 55, E-Mail: weaving@scotweb.co.uk, www.scotweb.co.uk/edinburgh/weaving, Mo-Sa 9-17.30, So 10-17 Uhr, Bus 35, 325A Interessierte können sich in der Weaving Company an den Webstühlen und im Tartanweben versuchen. Ausstellung über Produktion und historische Bedeutung des Tuches sollen Lust machen, im angeschlossenen und gut sortierten Shop zu kaufen, was zuvor bewundert wurde

SHOPS

KINLOCH ANDERSON
Edinburgh-Leith, Commercial Street/Dock Street, EH6 6EY, Tel. (01 31) 555 13 90, Fax 555 13 32, E-Mail: enquiries@kinlochanderson.com, www.kinlochanderson.com, Bus 10, 16, 22 Seit 1868 berühmt für Produktion und Vertrieb des „Highland dress". Der spartanische Laden bietet traditionelle Tartankleidung zu fairen Preisen (Made-to-measure-Kilts kosten ab 300 £)

ECOSSAIS
Edinburgh, 3-6 Canonmills Bridge, Tel. (01 31) 556 93 57, Fax 556 93 57 Tartan in allen denkbaren Variationen. Die Anfertigung von Sondermodellen oder nach eigenen Entwürfen dauert ungefähr acht Wochen, Lieferung weltweit. Wer ein komplettes Karo-Outfit kaufen möchte, profitiert von den *special offers* (bis zu 15 % Preisnachlass)

HOUSE OF SCOTLAND
Crieff, 10 High St., Tel./Fax (017 64) 655 58 00, www.houseofscotland.co.uk Hier kauft sogar Ewan McGregor, Schauspieler und gebürtiger Crieffer, seine Schottenröcke. Der Laden bietet eine breite Auswahl an Tartans aller Macharten und erster Qualität – bisher soll hier kein Wunsch unerfüllt geblieben sein: Ewans Kilt, der aus McGregor-Tartan gefertigt wurde, war binnen zehn Tagen gewebt und geliefert (House of Scotland-Filialen gibt es außerdem in Fort William, Inveraray, Oban und Pitlochry)

Madonnas schottischer Hochzeit fehlte eigentlich nur eines: schottischer Stil. Die Pop-Diva und ihr Movie-Boy hatten Skibo Castle gebucht, ein Klubhotel der Superreichen. Die Rockefellers waren dort Hausgäste, Jack Nicholson, Sean Connery, okay. Aber architektonisch gesehen, mein Gott, welch ärmliche Wahl, ein viktorianischer Burgenverschnitt. Wo ich Madonna geheiratet hätte? In einem Tower House natürlich. Zum Beispiel in Craigievar.

Craigievar Castle liegt in einem Seitental zwischen Dee und Don, auf halber Höhe an einem bewaldeten Hang. Wie ein Baum scheint die Burg aus der Erde zu wachsen, ein mächtiger kahler Stamm, der plötzlich ausschlägt und eine Krone bildet aus Türmchen, Erkern, Giebeln und Konsolen.

Dieses wuchernde Oberteil ist ein bizarrer Ausbruch aus dem geregelten Grundriss, eine Befreiung aus der architektonischen Wehrpflicht, die Kür des Architekten John Bell. Anfang des 17. Jahrhunderts baute er hier, westlich von Aberdeen, ein exemplarisches Tower House. Ein Wehrturm, der zum Wohnturm wurde.

Die Erkertürmchen von Craigievar entstanden als Ausguck an den Ecken der ursprünglich offenen Brustwehr. Damit der Wachtposten nicht im Regen stand, wurden diese Ausbuchtungen überdacht. Als friedlichere Zeiten kamen, waren Brustwehr und Ausguck überflüssig, sie wurden als geschlossene Wohnetage dem Wehrturm aufgepfropft. Unter den Erkertürmchen blieben die Konsolen der Brustwehr zurück: ein konstruktives Element, zur dekorativen Bordüre erweitert.

Die Fenster, mehr Kanonenluken und Schießscharten ähnlich, beginnen erst in sicherem Abstand zum Boden. Die elegante Kraft des Turms wird noch gesteigert durch die sanfte Schwellung

Foto: Doug Corrance

Kindheitstraum einer Burg: Craigievar Castle bei Aberdeen

Gekrönte Häuser

Sie heißen Tower Houses, entstanden während der Grenzkriege mit England und erlebten im 17. Jahrhundert eine Renaissance. 300 der festungsartigen Wohntürme stehen noch heute

Text: Peter Sager

Wehrhaftes Mittelalter: Castle Menzies wirkt noch als Wohnhaus wie eine Trutzburg

Schon der schottisc

seiner Mauern, die unten dicker sind und sich nach oben verjüngen. Auch dies, von statischen Gründen abgesehen, war eine militärische Reminiszenz: Angreifer sollten keinen Schutz finden unter überhängenden Mauern.

Dabei war der Burgherr ein friedlicher Bürger aus Aberdeen, ein Kaufmann, kein Krieger. Kein Clan-Chief, sondern ein Neureicher: William Forbes, alias Danzig Willie, weil er sein Vermögen im Ostseehandel gemacht hatte, vor allem im Baltikum.

Als Forbes 1610 bis 1626 seinen Landsitz bauen ließ, hatte sich in England die neue Klasse der Großgrundbesitzer schon prunkvoll eingerichtet. Man residierte im Stil der elisabethanischen Renaissance, der modernen Architektur jener Zeit. Forbes aber und die Highland-Lairds, weder arm noch schlecht informiert, griffen zurück auf eine mittelalterliche Tradition: das einheimische Tower House. Nie wurde in Schottland konservativer und zugleich kreativer gebaut.

Dieser Standardtyp einer schottischen Burg hatte sich vor allem in den Borders ausgebreitet, in den Grenzkriegen mit England: ein massiver, bis zur Kahlheit schlichter, primär auf Sicherheit bedachter Wohnturm. Passend für ein verhältnismäßig armes, unverhältnismäßig unruhiges Land.

Als Elementarform eines befestigten Hauses keine schottische Erfindung, war das Tower House in Schottland doch weiter verbreitet und länger in Gebrauch als irgendwo sonst, von

Nationalheld Bonnie Prince Charles ruhte in diesem Zimmer auf Menzies

George Menzies, der heutige Landlord. Sein Tower House ist seit mehr als 500 Jahren in Familienbesitz

Fotos: Jordis Schlösser (3), Harvey Wood

Irland abgesehen. Seine manieristische Spätblüte erlebte es im 17. Jahrhundert, als die Steinmetzfamilie Bell für Klienten wie William Forbes baute ornamentale Burgenträume aus Granit.

Craigievar Castle drängt sich auf engstem Raum in die Höhe, fünf Stockwerke übereinander, als sei in den Highlands so wenig Platz wie in Manhattan. Warum so hoch hinaus? Wo die militärische Notwendigkeit des Wehrturms entfiel, spürten die neuen Bauherren um so nachdrücklicher den Wunsch, die alte Autorität wenigstens symbolisch zu demonstrieren: ein soziales Hoheitszeichen. Dazu kamen praktische Gründe. Die Highlands waren arm an geeignetem Bauholz für den Dachstuhl.

Die Kunst des Architekten bestand nicht zuletzt darin, unter einem möglichst kleinen Dach möglichst viele Räume zu vereinen; in Craigievar sind es 19. Gebaut wurde vertikal, nicht horizontal: Tower House statt Hall House.

In Craigievar also hätte ich meine schottische Hochzeitsreise mit Madonna begonnen, eine Tour de force von Tower House zu Tower House: Borthwick Castle, Midmar, Braemar, Crathes, Castle Fraser, Castle Menzies – oh, Madonna! Mein Burgentick und ihr amerikanischer Bildungshunger, das ginge zusammen wie Feuer und Eis. Rund 300 Tower Houses sind in Schottland erhalten – was hätten wir da nicht alles noch machen können!

Nur diesen Abstecher noch, zur Robert Gordon University nach Aberdeen. Auf dem Campus am River Dee haben Jeremy Dixon und Edward Jones 1994 zwei Studentenwohntürme errichtet, das Round Tower House und das Square Tower House – heutige Variationen eines uralten Bautyps.

Seine Ursprünge? Die Brochs der Pikten, Wehrtürme der späten Eisenzeit, Rundturmburgen mit Doppelmauern, ganz ohne Mörtel gebaut, unverwechselbare Formen, wie auf einer Töpferscheibe gedreht. Könnten wir uns auch noch ansehen, draußen auf den Hebriden oder Orkney-Inseln.

Und wenn ich dann, früher oder später, mit Madonna die schottische Scheidung zu besprechen hätte, wüsste ich dafür keinen passenderen Ort als die Ruinen von Hermitage Castle: einst Wehrturm im wilden Liddesdale, heute beliebte Drehbuch-Burg für Maria Stuart- und Macbeth-Filme.

Peter Sager, *Egon-Erwin-Kisch-Preisträger, lebt als freier Autor mit Vorliebe für britische Kulturgeschichte in Hamburg.*

MERIAN TIPP TOWER HOUSES

AIKWOOD TOWER
Mai-Sept. Di, Do u. So 14-17 Uhr, Telefon (01750) 52253 Tower House aus dem 16. Jh. (6 km südl. Selkirk), Wohnsitz des Parlamentsabgeordneten Sir David Steel **E 9**

ALLOA TOWER
April-September tägl. 13.30 bis 17.30 Uhr, Oktober Sa u. So 13.30-17.30 Uhr, Telefon (01259) 211701 Wohnturm der Earls of Mar aus dem 14. Jahrhundert (etwa 10 km nordöstlich Stirling, A 907), vom National Trust for Scotland restauriert **D 7**

CASTLE MENZIES
April-Mitte Okt. Mo-Sa 10.30 bis 17, So 14-17 Uhr, Telefon (01887) 820982 16. Jh.-Wehrburg (Weem, südwestl. Pitlochry, A 827/ B 846), Sitz der Chiefs des Clan of Menzies und groß genug, um Hof zu halten **D 6**

CRAIGIEVAR CASTLE
April-Oktober tgl. 11-18 Uhr, Gelände ganzjährig geöffnet, Information: National Trust for Scotland, Telefon (0131) 2265922 Königin der Tower Houses (knapp 40 km westl. Aberdeen, A 980), 1626 gebaut **F 5/6**

CRATHES CASTLE
April-Sept. tgl. 10.30-17.30, Okt. bis 16.30 Uhr, Garten ganzjährig ab 9 Uhr, National Trust, Tel. (01330) 844525 Wohnturm des 16. Jhs. mit reicher Deckenbemalung und prächtigem Garten (22 km westl. Aberdeen, A 93) **F 6**

NEIDPATH CASTLE
Mitte April-Sept. 11-17, So ab 13 Uhr, Telefon (01721) 720333 14. Jh.-Wehrburg der Borders (2 km westl. Peebles, A72), populärer Filmschauplatz **E 8**

TOWER OF HALLBAR
Sa 14-15 Uhr, mit Voranmeldung, Tel. (020) 79308030 16. Jh.-Wehrturm (Braidwood, 45 Min. südl. Glasgow, A 73/ B 7056), vom Vivat Trust restauriert und als Ferienwohnung vermietet (7 Betten, **Preis auf Anfrage**) **D 8**

Castle Fraser bei Aberdeen während eines Gathering

Cattle Country, Rinderland: Unweit von Moffat grast das Vieh in einer Landschaft, die noch von der letzten Eiszeit modelliert worden ist

Querfeldein

Saftige Weiden und Burgruinen, Marktflecken und einsame Waldwege: Der Southern Upland Way verbindet die Atlantikküste mit der Nordsee und schlägt eine Brücke durch die Jahrhunderte

Text : Reinhard Ulbrich, Fotos: Gregor Lengler

Memento mori: Ein alter Friedhof oberhalb von St. Mary's Loch.
Der Wanderweg führt jenseits des Sees am Ufer entlang

Der Weg weist die Richtung:
von Küste zu Küste

Romanzen aus Stein und Mörtel als Kontrapunkte zu grünen Hügeln

Der Weg ist das Ziel.
Aber manchmal
haben wir das Bedürfnis
nach einer Rast

Wie eine Herausforderung hörte es sich nicht an: Wandern im Grenzgebiet zu England. Dabei hätte schon der Name Respekt einflößen müssen: Southern Upland Way klingt nach Hochlage. Außerdem war die Strecke bei ihrer Eröffnung 1984 der erste Wanderpfad überhaupt, auf dem man die Britische Insel von der Atlantik- bis zur Nordseeküste durchqueren konnte.

340 Kilometer misst die Gesamtdistanz. Der Weg bietet reichlich Abwechslung, denn Schottlands Süden präsentiert nicht nur Hügelketten im Mittelgebirgsformat, sondern auch sattgrüne Weideflächen, bunte Marktflecken und sogar Wälder.

Um all das zu sehen, muss man jedoch nicht die ganze Wegstrecke ablaufen. Schon auf kleinen Abschnitten berührt der Southern Upland Way ständig wechselnde Landschaften. Deshalb entscheiden wir uns für eine leicht gekürzte Tour. Von Moffat im Herzen Südschottlands bis nach Melrose, rund 60 Kilometer weiter östlich.

Wir übernachten, bevor es ernst wird, im Moffat House. Wer sich in diesem umgebauten Herrensitz zur Ruhe bettet, wohnt in einer historischen Fälscherwerkstatt. Vor mehr als 200 Jahren schmiedete hier der romantische Dichter James Macpherson einige seiner „Ossianischen Verse“. Die verkaufte er später als „Fragments of Ancient Poetry“ des angeblichen Minnesängers Ossian und als Sensationsfund einer keltischen Überlieferung. Der Schwindel flog zwar auf, aber Macpherson wurde als genialer Nachahmer berühmt.

Der nächste Morgen bringt schnelle, tief ziehende Wolken, die vereinzelte Sonnenstrahlen hindurchlassen: Nachdem wir uns beim Full Scottish Breakfast den Magen gefüllt haben, werden die Rucksäcke geschultert. Wir – das sind Fotograf und Autor, zwei Wanderer ohne Training.

Am südlichen Ortsrand von Moffat führt uns der Weg um die letzten einzeln stehenden Gehöfte, bis er vor einem Weidezaun zu enden scheint. „Sie müssen da rüber, es geht auf der anderen Seite weiter!“, ruft ein Mann in Gummistiefeln, der unser Zaudern beobachtet hat. In der Tat: Das britische Wegerecht erlaubt es fast überall, fremden Boden zu betreten, solange man nichts zerstört und die Tore hinter sich wieder schließt, damit das Vieh auf den Weiden bleibt.

Jenseits des Zauns begleitet uns noch eine Zeit lang der Moffat Water, ein kleiner, aber reißender Fluss mit viel Treibholz. Dann wird es still. Wir laufen über schweren, von Kühen zertrampelten Boden und werfen einen letzten Blick zurück ins Tal, bevor Wald anfängt.

Er ist das Ergebnis systematischer Wiederaufforstung. Über Jahrhunderte hatte Britannia, stolze Herrscherin der Meere, Raubbau an der Natur betrieben und Bäume für den Flottenbau fällen lassen. Erst vor 80 Jahren begann die Nachzucht von Gehölzen.

Zwei Wanderfalken fliegen auf. Sie drehen nach Norden ab, dorthin, wo Dutzende Bäche und Rinn-

Flüsse, Bäche und Rinnsale begleiten den Wanderer.
Der Wasserfall Grey Mare's Tail gleicht einer in Stein gehauenen Treppe

Für Fontane war sie ein Schönheitswunder: die Ruine Melrose Abbey

sale von den steilen Hängen fließen. Es waren eiszeitliche Naturgewalten, die dieser melancholischen Landschaft ihr Gesicht gaben. Ein Gletscherabbruch hinterließ Senken und Anstiege, denen der Wanderweg hier folgt.

Nach acht Stunden Fußweg legen wir Rast ein. Als Sitz muss dafür ein Holzstamm genügen. Bänke oder gar Schutzhütten darf man auf dem *Coast-to-coast long distance footpath* kaum erwarten. Faszinierende Ausblicke hingegen schon.

Tief unten schimmert die Wasserfläche des Loch of the Lowes, dem ersten von zwei Bergseen. Erstmals seit langem bietet dieser Ort wieder Einkehrmöglichkeiten. Der Himmel reißt auf, doch die Luft bleibt feucht, trotz Sonnenschein. Während wir uns dem Ufer nähern, spannt sich ein Regenbogen über dem zweiten See, St. Mary's Loch. Selbst das Fremdenverkehrsamt hätte unsere Ankunft nicht stilvoller arrangieren können.

Vor dem Gasthaus Tibbie Shiels Inn betätigen zwei Köter die Hupe eines geparkten Autos. Damit rufen sie ihr Herrchen, das im Pub versumpft sein muss – keine schlechte Werbung für das Haus. „Habe ich ihnen so beigebracht", erklärt uns drinnen im Schankraum stolz der Besitzer und bestellt ungerührt ein weiteres Bier.

In der gemütlichen Kneipe sind schon ganz andere Wanderer hängen geblieben. Walter Scott und Robert Louis Stevenson nennt die Wirtin fast beiläufig, trägt Fisch auf und erzählt von früher: als die umliegenden Gewässer noch so fischreich waren, „dass die Einheimischen zum Fischen nur Decken benutzt haben". Auch Thomas Carlyle, der englische Essayist und Historiker, kam als Wanderer und Angler zum St. Mary's Loch. Wir übernachten in Zimmern mit Blick über den See, „wo im Wasser klar und tief einstmals die Forelle schlief", wie ein Gedicht über dem Bett mitteilt.

Am nächsten Tag folgen wir in der ersten halben Stunde dem Seeufer in einem weiten Bogen. Im auffrischenden Wind macht ein Segler sein Boot klar. St. Mary's Loch habe seine Besonderheiten, sagt er. Die Bedingungen wechselten häufig. Man müsse auf alles gefasst sein.

Der Weg stellt die Bedingungen. Go back! Go back!, rufen die Moorhühner

An der düsteren Ruine des Dryhope Tower lassen wir den See hinter uns und klettern wieder in die Berge. Ein kurzer, aber heftiger Regenschauer; ein Tal wie ein Windkanal. Dann Stille. Nur ein paar Red Grouses kollern im Unterholz – die schottischen Moorhühner, deren Rufe wie eine Aufforderung klingen: *Go back! Go back! Go back!* Doch an Umkehr ist nicht zu denken, als plötzlich ein großer, kläffender Hund auf uns zuschießt und uns den Rückweg versperrt.

Einige Zeit später trifft uns das Unerwartete, von dem der Segler sprach, in Gestalt eines Bauern mit hochgekrempelten Ärmeln. Sean Curry ist ein kräftiger Mann Mitte Dreißig und von Beruf Schafzüchter. Er ist zwar mit der Reparatur eines Zauns beschäftigt, aber für einen Schwatz bleibt ein bisschen Zeit. „Kommt ja selten jemand vorbei", sagt er und erzählt vom letzten Sommer, der viel zu trocken gewesen sei und auch zu kalt. „Da ist nicht viel Futter gewachsen." Wir befinden uns im *Sheep Country*, dem Land der Schafe im schottischen Süden.

Traquair House heißt unsere nächste Station am Weg. Seit dem 12. Jahrhundert ist das Jagdschlösschen bewohnt – seit 1491 von der Familie Maxwell Stuart –, und 27 Monarchen waren hier im Laufe der Jahrhunderte schon zu Besuch. So ist im Museum unter anderem das Bett von Maria Stuart zu besichtigen, der *Queen of Scots* und Gegenspielerin Elizabeths I.

Von außen betrachtet wirkt das Gebäude abweisend. Sein festungsartiger Stil erinnert uns daran, dass wir schottisch-englisches Grenzland durchwandern, wo Herrenhäuser über lange Zeit militärische Funktionen erfüllten. Ganz anders zeigt sich der Park des kleinen Kastells: Ein Labyrinth aus dichten Hecken dient dem Zeitvertreib der Gäste und hält den Gärtner in Atem. „Manchmal komme ich für mehrere Tage kaum heraus", sagt er und führt durch die verschlungenen Wege. Wie lange gewöhnliche Spaziergänger brauchen, um sich darin zurecht zu finden? „Zwanzig Minuten", schätzt er, „dann sind sie wieder weg."

Die nächsten 15 Kilometer gen Südosten führen in eine Region, die eng mit dem Namen eines großen Dichters verbunden ist: Sir Walter Scott. Der Schöpfer des europäischen Historienromans hat dem Grenzland zu literarischem Ruhm verholfen und sich mit seinem Refugium Abbotsford ein Denkmal gesetzt.

Direkt am Ufer des Tweed ließ er sich um 1820 ein verschachteltes Landhaus errichten, das ihn wirtschaftlich zwar nah an den Rand des Ruins brachte, aber zugleich als „Romanze in Stein und Mörtel" hoch erfreute. Theodor Fontane besuchte Abbotsford zwei Jahrzehnte nach Scotts Tod. Die Spurensuche verlief ernüchternd, denn Fontane, damals Korrespondent in England, empfand das Gemäuer als reichlich verbaut. Immerhin beeindruckte ihn die vertäfelte Bibliothek.

Noch einmal weist uns die stilisierte Distel als Symbol des Southern Upland Way die Richtung: bergab nach Melrose. Die Füße gehen längst wie von selbst. Laut rauschend bahnt sich der Tweed seinen Weg. Aus dem bräunlich-torfgefärbten Wasser springen Lachse, versuchen, eine Staustufe zu überwinden. Angler in Gummihosen stehen in hüfthohem Wasser.

Melrose, nicht mehr als ein Städtchen, wird von einer mehr als 800 Jahre alten Abtei überragt. Und mancher unserer geistigen Wegbegleiter auf dem Wanderpfad hat sich an ihr versucht: Sir Walter Scott widmete dem Bauwerk Verse und den Roman „The Monastery" (1820), und William Turner malte die Ruine.

Romantisch wirkt sie noch heute, besonders im einsetzenden Dämmerlicht, wenn sich die fein ziselierten Konturen der Fensterdurchbrüche, Strebepfeiler, Kapitelle und Kapitellchen vor dem Abendhimmel abzeichnen. Just in dem Augenblick, als sich die Straßenbeleuchtung einschaltet, erreichen wir Burts Hotel, das erste Haus am Platz.

Bevor wir jedoch unsere Zimmer beziehen, geht der Blick noch einmal hinüber nach Westen, in jene Richtung, aus der wir gekommen sind. Dort stehen die Berge wie eine unwirkliche Theaterkulisse und erinnern daran, dass der Mensch selbst im Tiefland immer irgendwie auf der Höhe bleibt.

Reinhard Ulbrich, *Literaturwissenschaftler und Keltologe, lebt als freier Journalist in Berlin.*
Gregor Lengler *arbeitet als freier Fotograf für internationale Magazine. Er lebt in Hamburg.*

MERIAN TIPP WANDERN

PRAKTISCHE HINWEISE

Der Southern Upland Way wird häufig unterschätzt. Besonders die Bergstrecken verlangen eine gute körperliche Konstitution. Am einfachsten lässt sich der Weg von West nach Ost bewältigen, weil man dann den Wind fast immer im Rücken hat. Wer nur einzelne Abschnitte begehen und später mit öffentlichen Verkehrsmitteln an den Ausgangspunkt zurückkehren möchte, sollte sich vorher genau über Busverbindungen informieren: Wegen des dünnen Routennetzes ist eine Rückfahrt oft umständlich oder gar nicht möglich. Notfalls kann man trampen. Die Länge der Tagesabschnitte richtet sich nach den Übernachtungsmöglichkeiten.
Mehr als 20 Kilometer pro Tag einzuplanen, ist nicht ratsam. Die beschriebene Strecke ist in drei bis vier Tagen zu bewältigen.

TIPPS

Mehr Wanderzeit einplanen, als nach Kartenansicht nötig zu sein scheint.
Nur mit warmer, wetterfester Kleidung, Kopfbedeckung und knöchelhohen Schuhen wandern.
Detailkarten mitführen.
Kompass und Trillerpfeife (besser Handy und Telefonnummer der nächsten Mountain Rescue) nicht vergessen.
Nie im Dunkeln wandern.

LITERATUR

Roger Smith, The Southern Upland Way, Official Guide, HMSO, Edinburgh, ISBN-0-11-495170-5 (mit zwei detaillierten Karten)
The Southern Upland Way Accommodation, Faltblatt (zu bekommen in allen Tourist Offices am Wanderweg)
Info: www.dumgal.gov.uk/Services/Depts/ei/Southern UplandWay/intro.htm

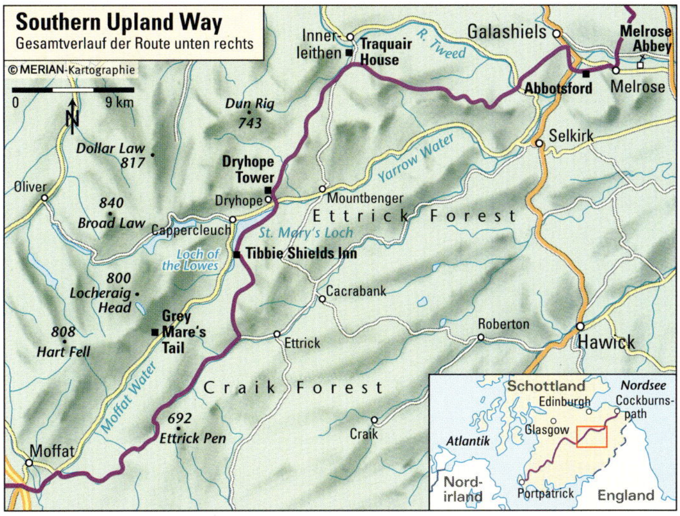

Southern Upland Way
Gesamtverlauf der Route unten rechts
© MERIAN-Kartographie

Schottland zwischen Tradition und Moderne. Reiner Luyken, Hobbyangle

Lachs und Legenden: Heimweh

Es fing an wie so oft. Duncan und Andrew waren von zuhause entwischt. Wenn ihre Frauen die Autoschlüssel verstecken, tuckern die Freunde auf Duncans grauem Traktor mit Paraffinantrieb los. Dann beweist das archaische Stahlvehikel wieder einmal seine Vielseitigkeit. Auf der Heimfahrt vom Pub legten sie bei uns einen Zwischenstopp ein.

Der Hund kläffte wild, als sie sich dem Haus näherten. Duncan trug ein Glas Caffrey's. Er hatte es mit Klarsichtfolie abgedeckt, um keinen Tropfen zu verschütten. Die zwei hatten einen Plan ausgeheckt.

Bei der Royal Bank of Scotland lief unter meinem Namen ein Konto mit der Nummer 39 14 11 für die Crews der örtlichen Lachsfischerei. Die letzte Einzahlung datierte vom 7. September 1980. Es waren 35 Pfund Sterling. Wir hatten sie nie angerührt. Die traditionelle Fischerei gehört einer dahingegangenen Welt an, die nur noch in Erinnerungen fortlebt, in immer wieder neu erzählten und jedes Mal neu ausgeschmückten Episoden und Geschichten.

Seit Jahren liegen die Netze unangetastet in einem verrottenden Schuppen. Darin huschen Ratten und Mäuse zwischen Holzkisten mit den Namen der alten Londoner Lachshandelshäuser Bennet und Grant & May. Jetzt, 20 Jahre nach dem letzten Kontoabschluss, war der Zeitpunkt gekommen, den Saldo zu versüffeln. Alle, die in der Fischerei gearbeitet hatten, sollten daran teilnehmen.

Das stellt man sich so einfach vor. Eine eng geflochtene Dorfgemeinschaft auf einer entlegenen, von Wind und Wogen umtosten Halbinsel im nordwestlichen Hochland. Weitersagen im Pub und vor dem Laden. Dann trifft man sich zum festgesetzten Zeitpunkt. So war das vielleicht einst gewesen. Jetzt erforderte die Umsetzung des Plans eine organisatorische Großtat. Die meisten ehemaligen Lachsfischer-Kollegen leben weit weg. Der eine ist Bauingenieur in Edinburgh, der andere Verschalungsmeister in Manchester, der dritte Koch in Glasgow. Ärzte und Rechtsanwälte, ein Banker aus London und ein Meeresbiologe aus Aberdeen, die sich mit dem Sommerjob in der Fischerei ihr Studium finanzierten.

Pensionierte Rechtsanwälte, Telecommuter und Job suchende Wanderarbeiter füllen das von den Emigranten hinterlassene Vakuum. Menschen, die meist keine Ahnung von einem Gewerbe haben, um das sich einst in seiner Blüte das ganze dörfliche Leben drehte.

Unsere Halbinsel ist ein suburbanes Anhängsel der modernen Welt geworden. Drei gigantische Lachszuchten dominieren den Alltag. Jede dieser Zuchten ist für sich in der Lage, mehr zu produzieren als die gesamte schottische Wildlachsfischerei in ihren besten Tagen. Mit einem Bruchteil der Arbeitskräfte. Hochgiftige Chemikalien strömen aus den Zuchten ins Meer. Das chemisch hochgepäppelte Produkt wird in riesigen Plastiktrögen auf schweren Lastzügen abtransportiert. Manchmal kommen zwei, manchmal drei 38-Tonner am Tag. Hier wird wie überall für das Bruttosozialprodukt gewerkelt, nicht für den Lebensunterhalt.

Duncan ist Lachszuchtarbeiter. Manchmal weiß er gar nicht, wem seine Firma gerade gehört. Ist es noch der norwegische Konzern Norsk-Hydro oder die holländische Nutreco? Multis kaufen und verkaufen ihre Vermögenswerte wie Spekulanten ihre Aktien. Und Arbeiter sind ein Kapital, das mitverkauft wird.

Die Edinburgher Regierung dient das Land mit seinen „flexiblen, hoch motivierten und gut ausgebildeten Arbeitskräften“ internationalen Investoren an. E-Commerce und E-Community heißen die Schlagworte der Dotcom-Economy. Alten Traditionen wie der Lachsfischerei wird endgültig der Garaus gemacht.

Andrew ist Telecommuter, ein elektronischer Pendler. Er studierte Elektrotechnik, promovierte und kehrte nach einigen Jahren in Edinburgh in sein Heimatdorf zurück. Er arbeitet an der Vernetzung einer neu entstehenden University of the Highlands and Islands. Die virtuelle Universität soll einmal per Fernunterricht Vorlesungen auf jede Hebrideninsel bringen, um jedermann für die New Economy fit zu machen. Kein schlechter Job. Aber insgeheim träumt er wie alle von der Zeit vor dem Absolutismus des Geldverdienens und der Diktatur vorgegebener Arbeit. Von einer Welt, die als Echo der Vergangenheit nur noch in Will MacLeans Kunstwerken lebt.

Will MacLean ist einer unserer Lachskollegen, der mit modern-romantischen, aus Taurollen und Netzgarn, aus Strandgut und anderem Meereskrimskrams gefertigten Collage-Reliefs zu einem der bedeutendsten Gegenwartskünstler Schottlands avancierte.

Schottland ist hin- und hergerissen zwischen dem Zwang zur Anpassung und der Sehnsucht nach der Vergangenheit. Der sichtbarste Ausdruck dafür ist die Brücke nach Skye. Die Überfahrt von Kyle of Lochalsh ist ein nationaler Mythos. Der schöne Stuart-Prinz Charles entkam hier im Jahre 1745 nach der Niederlage auf dem Hochmoor von Culloden mit Hilfe der noch schöneren Flora MacDonald den englischen Redcoats.

250 Jahre später wurde eine nicht sehr schöne Betonbrücke über die Meeresenge eröffnet. Während andere Hebrideninseln sich noch mit traditionellen Übeln der Abgeschie-

Lachsfarmen haben die Fischerei ruiniert. Angeln ist nur noch Hobby

und Lachsfischer, über ein Wiedersehen nach 20 Jahren

nach der alten Zeit

denheit plagen – Abwanderung der Jugend und Vereinsamung der Alten –, brachte die Brücke Skye einen boomenden Tourismus und wirtschaftlichen Aufschwung.

Unser Fischertreffen nahm Formen an, die in keinem Verhältnis mehr zum Saldo des Kontos standen. Wir mieteten ein Restaurant im nächstgelegenen Hafenstädtchen. Ein großer Schmaus wurde bestellt. Mehr als 50 Einladungen gingen hinaus. Wir nannten den Abend „Das Jahrtausend-Dinner der Lachsfischer". Jeder, der teilnehmen wollte, musste aus eigener Tasche eine beträchtliche Summe beitragen. Wie viele würden kommen?

Fast alle kamen. Der Banker aus London, der Verschalungsmeister aus Manchester, natürlich auch der Künstler Will MacLean. Viele haben die Tage in der Fischerei als die schönste Zeit ihres Lebens in Erinnerung. Der älteste Gast war 1950 zuletzt dabei. Viele kamen auch wegen eines Mannes, der gar nicht mehr unter uns war.

Willie Muir, der Inhaber der Lachsstation, starb vor sechs Jahren. Er personifizierte das, was der Kolumnist Aimsir Eachainn von der lokalen *West Highland Free Press* einen „wahren Hochland-Gentleman" nannte. Willie Muir war ein Gentleman, und er war eine Inspiration. Ein Mann voller Ideen, die sich auf jeden übertrugen, der sich seiner nie versiegenden Redelust nicht verschloss.
Das Spiel mit Ideen galt ihm so viel wie das Fischen. Dennoch – oder vielleicht deshalb – war er ein berühmter Fischer, innovativ und erfolgreich.

Reden und Lobpreisungen wurden gehalten. Wein, Whisky und Bier flossen bis in die Morgenstunden. Freundschaften wurden erneuert und alte Animositäten aufgewärmt. Die Crews an der dem Wetter geöffneten Nordküste fühlten sich den Besatzungen auf der geschützten Südseite der Halbinsel haushoch überlegen. Sie brachten auch die besten Fänge zurück.

Wer kann die Nächte vergessen, in denen wir unser winziges offenes Boot – wir nannten es das White Boat – durch eine Schrunde in der Felsküste in die Dünung schoben und im rötlichklaren Licht des Nordens die schönsten Lachse, die ein Mensch je gesehen hat, aus den Netzen hoben? Die Tage ursprünglicher Jagd und unsentimentaler Konfrontation mit der Natur? Und die Kameradschaft des Meeres, eine ganz herbe und unbetörte Kameradschaft. In einem Boot hängt jeder vom anderen ab. Ganz existenziell.

Neulich kamen Duncan und Andrew wieder einmal vorbei. Spät nachts, wie immer. Sie brachten gewilderten Lachs mit. Echten, wilden Lachs. Sie hatten ihn an einer Stelle gefangen, an der sich die aus den Nordmeeren heimkehrenden Fische wie durch einen magischen Zauber sammeln. Ich kramte die Fotos unseres Jahrtausend-Dinners hervor.

Jetzt ließen wir nicht die alte Zeit der Fischerei in fantasiereich ausgeschmückten Episoden Revue passieren, sondern den Abend, an dem wir die alte Zeit zelebrierten. Die Feier wurde zum Gegenstand schwärmerischer, whiskybefeuerter Lobreden. Die im Augenblick des Kameraklickens festgefrorenen Gesichter. Der überschwänglich gestikulierende John MacLeod, den sich niemand als Rechtsanwalt vorstellen kann. Der Macho Hamish Sinclair, der gerade mit den Zähnen einen Kronverschluss öffnet. Kenny „Manager", seines Zeichens Schafbauer und Wildhüter, zwar ohne obligatorische Sherlock-Holmes-Kappe, aber ganz in seinem Element: die korrupte, moderne Welt in Ordnung argumentierend.

Und ich stellte fest, dass die alten Lachsfischer-Kollegen die Attacken der Multis und Dotcom-Ökonomen ziemlich intakt überstanden haben.

Foto: Catherine Karnow

Edinburgh ist ein Schloss, da:

Das Hoch im

sich eine Stadt hält. Und ein weltberühmtes Festival

TEXT: VOLKER HANDLOIK, FOTOS: GREGOR LENGLER

Norden

Das Schloss, erbaut im 11. Jahrhundert, ist die Keimzelle der Stadt. Altstadt und Neustadt liegen zu seinen Füßen

Stadt mit zwei Gesichtern: mittelalterliche
Old Town und georgianische New Town

Traditionsgeschäft: Besen und Bürsten gibt es seit Generationen bei Robert Cresser in der Victoria Street

Royal Scotland: Georgianische Häuser und Kopfsteinpflaster am Ainslie Place in der großzügigen Neustadt

Edinburgh ist ein Wunder. Schlimm ist nur, dass diese Stadt das ganz genau weiß

Multimedia und Cyberspace: Das Museum „Our Dynamic Earth“ zeigt Modelle zukünftiger Welten

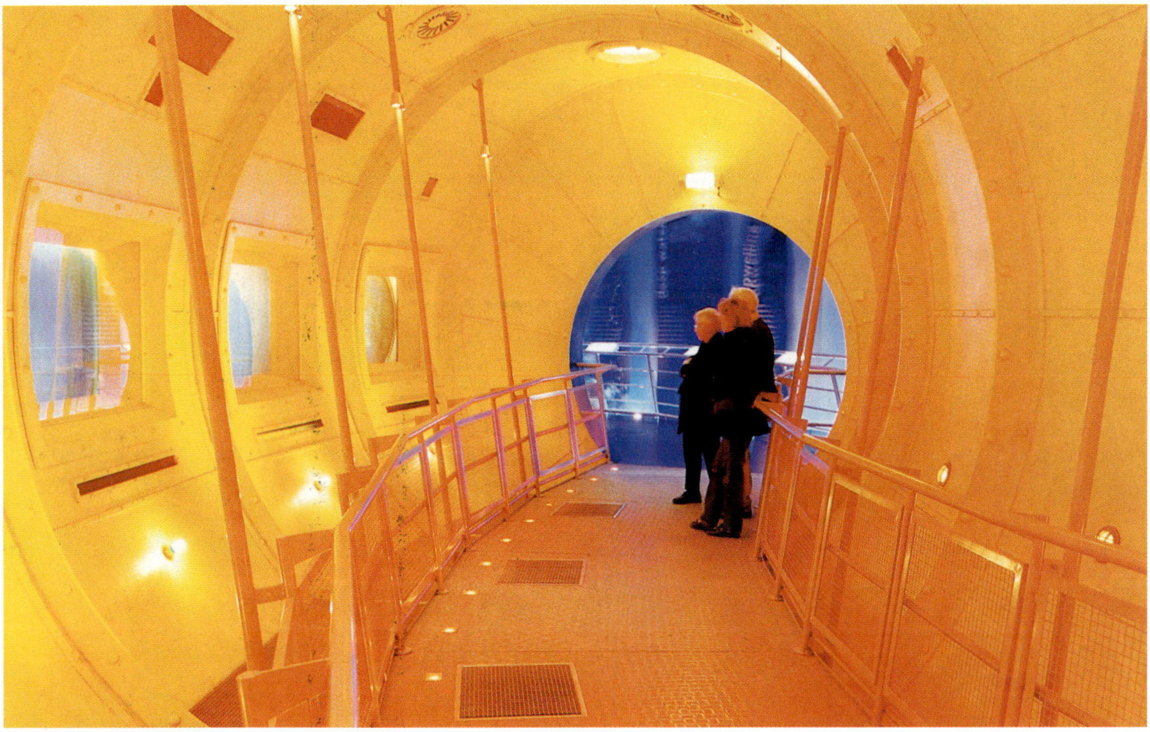

Der Stil der neuen Zeit: Das Edinburgh International Conference Centre im Exchange, dem Finanzdistrikt der Stadt

Raffael, Rubens, Tizian und Goya: Kunstschätze auf königlichem Rot. Saal in der National Gallery of Scotland

Es kann nur eine geben: Edinburgh. Denn diese Stadt hat Stil, Geschichte und Größe

Stationen zum Auftanken: „The Filling Station" an der Royal Mile (oben) und die Hafenpromenade im Vorort Leith

Wäre am 16. Oktober 1939 wirklich mit ihm geschehen, was Richard Demarco gerade so wortreich erklärt, als nämlich – der Zweite Weltkrieg war gerade 43 Tage alt – die deutsche Luftwaffe einen Angriff auf Leith flog, den Hafen von Edinburgh, und sich die Schussspuren eines Luftduells im Sand um den spielenden, neunjährigen Richard abzeichneten, und wäre der kleine Ricki von einem dieser Projektile erwischt worden, ja, dann wäre Edinburgh heute um eine *real attraction* ärmer. Das ist mal gewiss.

Ricki Demarco hält Hof, und wenn Mister Demarco Hof hält, dann redet er, und alle anderen schweigen. Er ist Maler und Impresario und Weltkulturbotschafter für Schottland, er ist Exzentriker und Visionär und liebenswerter Schwätzer, er ist einer jener Typen, wie sie nur eine herrlich zerrissene, eitle, kühle, wunderschöne Hauptstadt hervorbringen kann.

Edinburgh ist ein Monstrum, Edinburgher sind Snobs. Edinburgh wird geliebt oder gehasst. Madame de Staël schrieb einmal, dass „die höchste Stufe des Intellekts in der *Edinburgh Review* anzutreffen sei". Krimiautor Philip Kerr allerdings nannte Edinburgh sein MdU, das „Museum der Unnatur", in dem es Internatsschulen gebe, „jene riesigen gotischen Felsen schottischen Leidens, die in der ganzen Stadt verteilt sind, schwarz und zerklüftet, wie faule Zähne".

Edinburgh ist ein Castle, das sich eine Stadt hält, die selbst in zwei disparate Teile zerfällt: die düster-mittelalterliche Altstadt um die Royal Mile und die georgianische, lichte Neustadt ab der Princes Street. Nur eine Stadt wie Edinburgh kann einen Charakter wie Richard Demarco erfinden, der ein Maler ist, der eigentlich kein Maler ist – und der das auch genauso sagt.

Richard Demarco steht in einer Galerie in der Bread Street. Er ist ein kleiner Mann, doch seine Gesten sind groß. Demarco entstammt einer italienischen Familie, die vor hundert Jahren eingewandert ist. Doch einen echteren Schotten als ihn gibt es nicht. Nachdem er erläutert hat, wie glücklich er und alle anderen sind, nicht 1939 das erste Opfer des Luftkriegs geworden zu sein, ergibt er sich seinem zweiten Lieblingsthema: Europa.

Gouachen hängen an den Wänden, Tagebuch seiner Reise nach Georgien.

Moderne Zeiten: Edinburghs Szene trifft sich in der Grape Bar

Edinburgh

Die Stadtgeschichte beginnt im 11. Jh. mit Malcolm III. und seiner Frau Margaret, die Burg und Kapelle auf dem heutigen Castlehill erbauen lassen. 1329 übereignet Robert I., the Bruce, der Stadt den Hafen Leith. 1482 wird Edinburgh Hauptstadt. 1582 Gründung der Universität. Edinburghs Blütezeit. 1707 Auflösung des schottischen Parlaments. Im 18. Jh. Kulturzentrum; wirtschaftlicher Aufschwung durch die Industrialisierung im 19. Jh. Seit 1947 jährliches Edinburgh International Festival, später mit Fringe Festival. Heute hat die Stadt 453 000 Einwohner

Warum Georgien? Demarcos Stimme ist ein schneidendes Werkzeug, metallisch, viril, sehr überzeugend: Weil Georgien und Schottland das Band bilden, das Europa zusammenhält. Ist denn nicht die gesamte antike Mythologie aus dem Kaukasus? Ist nicht Edinburgh, ähnlich wie Rom, auf sieben Hügeln gebaut? Weiß man nicht, dass König Artus seinen Sitz auf dem Hügel gegenüber Edinburgh hatte?

Er holt nicht Luft. Er redet über das Schwert Excalibur, über das alte Flaggschiff der schottischen Marine, über das britische Königshaus, das mehr schottisches und deutsches als englisches Blut in seinen Venen hat. Er hört nicht auf zu reden, und das alles wegen – Europa.

Edinburgh unterscheidet sich von Glasgow, weil es Stil, Geschichte und Größe hat – behaupten die Edinburgher. Und Schottland unterscheidet sich von England, weil es Europa will und weit stärkere europäische Bindungen hat. Sagt Richard Demarco. Und fügt hinzu: All das könne man in Edinburgh sehen, wenn man endlich aufhören würde, immer nur auf das Castle zu starren. Nein, im Vorort Leith, im Hafen, sind Europas Spuren zu sehen.

Leith? Edinburgh, muss man wissen, ist keine Hafenstadt, hat nur einen Hafen geschluckt, und das ist Leith. Ein unscheinbares Städtchen, in dem die Britannia liegt, die ehemalige Königliche Yacht. Ein paar schicke Bars am Wasser und sonst nur Wind, kratzig wie schottisches Graubrot. Die Leute sind bodenständig und sprechen einen harten Akzent, und mit dem Castle haben sie nicht viel am Hut.

So wie Ann Daena, die in der Turmhaube eines ehemaligen Warenhauses wohnt, Blick über Leith und seine langweiligen Straßen und die *waterfront,* die so still ist, als ob der Hafen ausgezogen wäre: Edinburgh lebt mit dem Rücken zum Wasser, da hat Demarco Recht. Auch Ann will Europa, aber eines ohne Großbritannien, eines mit einem unabhängigen Schottland. Ann Daena ist Lokalpolitikerin, Patriotin, wie sie sagt, also etwas, das man in der Vergangenheit eher in den Highlands fand, weniger in Edinburgh. Sie ist eine ruhige Person. Sie passt zu Leith.

Einst hat sie Whisky verkauft, sie kennt sich also aus mit allem, was schottisch ist. Ann spricht leise, sie ist eine leise Frau: kurze Haare, mütterliches Kinn, aufmerksame Augen. Das Exzentrische der Stadt hat sich nicht sichtbar in ihr niedergeschlagen. Für Ann Daena – die an Gott glaubt, aber nicht in die Kirche geht – ist Leith die Keimzelle von Edinburgh, wie Edinburgh die von Schottland ist.

So gesehen ist es für sie nur natürlich, in Leith zu wohnen und nicht in Edinburgh, auch wenn ihre Tanten sie deswegen scheel ansehen: Leith? Ja, aber! Hier bekommt man in den lauten Pubs Haggis mit *neeps and tatties,* Schafsmagen gefüllt mit Innereien. Schmeckt besser, als es klingt. In Leith gibt es auch einen Straßenstrich, das wäre in Edinburgh unmöglich. Ann Daena sieht fast ein wenig stolz aus.

Leith ist proletarisch, Edinburgh adelig. Leith ist der Stadtteil, den

Die sonnige Seite der Stadt: Charlotte Square Park mit West Register House

Edinburgh nur ungern hat – des Hafens wegen, klar. Die Politikerin hebt ihr Glas auf die seltsame Stadt, und man weiß nicht, ob sie Leith meint oder Edinburgh. Wahrscheinlich beides, denn beides ist eins.

Edinburgh hat 453 000 Einwohner, Glasgow 612 000. Das sagt gar nichts darüber, wer in Schottland den Ton angibt – es kann nur eine geben: Edinburgh. Glasgow hat das Geld, Edinburgh gibt es aus. Glasgow fabriziert, Edinburgh handelt. Kein Edinburgher würde je nach Glasgow ziehen, *it's impossible, indeed*. Edinburgh ist puritanisch-presbyterianisch, Glasgow katholisch, der Highlander und der irischen Einwanderer wegen.

Noch bis vor 30 Jahren konnte man in Edinburgh nicht anständig essen gehen, und erst mit dem Edinburgh International Festival hat sich das Image der Stadt verbessert. Die schottische Kirche ist auch heute noch in Edinburgh weitaus stärker präsent als im liberaleren Glasgow; bezeichnenderweise hat das schottische Parlament seinen provisorischen Sitz in der Assembly Hall der Hochkirche von Schottland.

Edinburghs zwei Gesichter: Da ist die Old Town, deren grau gewandete mittelalterliche Mietskasernen aus Granit sich eilfertig die Royal Mile emporschachteln, zum Schloss hin. Hier findet man winzige, charmante Gassen *(close* und *wynds)*, zwei Friedhöfe, auf denen es natürlich spuken soll, einen Observatoriumshügel, den Sommerpalast der Queen und eine Kathedrale, die hier *Kirk* genannt wird. Messingbehaubte Kastenuhren, mittelalterliche Hausmarken, Reste von Stadttoren – und ein ewig grauer Himmel, der aussieht wie der Unterbauch eines Wasservogels. Edinburgh: Edins Burg. Schottlands Herz.

Hinter der Princes Street beginnt die von 1767 an errichtete großzügige New Town mit Privatgärten, lichtdurchgossenen Häuserbögen, einem botanischen Garten und schattigen Parks. Robert Louis Stevenson ist hier aufgewachsen, bevor er, wegen seiner schwachen Lunge, nach Samoa ging, und Sir Walter Scott, Schriftsteller und Wiedererwecker Schottlands.

Diese beiden Stadtteile sehen aus, als ob sie nicht zueinander gehören würden, und tatsächlich weigerten sich nach Fertigstellung der Neustadt die Mieter, aus ihren alten achtstöckigen, verseuchten Wohntürmen auszuziehen. Daniel Defoe, englischer Romancier und Spion, schrieb 1724, „dass es wohl Orte gebe mit mehr Einwohnern, aber keinen mit mehr auf so engem Raum wie in Edinburgh." Edinburgh ist ein Wunder. Das Schlimme ist, dass Edinburgh das ganz genau weiß.

Michael Shea, der Krimiautor, sieht dieses Wunder jeden Morgen, wenn er aus dem Fenster seiner Wohnung schaut, auf die Kaufmeile West Princes Street Gardens und die Silhouette der Neustadt dahinter, den Calton Hill mit dem Trafalgar Monument, den alten Stadtgraben, den Greyfriars Graveyard und den Ramsay Garden, den Vorhof zum Castle.

Michael Shea ist ein distinguierter Herr, einer dieser Männer, die nur mit der Oberlippe zu sprechen scheinen; ein echter Schotte. Seine Gesten sind sparsam, sein Tonfall nüchtern, allenfalls ein wenig eitel, aber wer am Ramsay Garden wohnt, hat Grund, stolz zu sein.

Wenn Ricki Demarco die lange Liste der Jekyll-und Hyde-Charaktere verkörpert, setzt sich in Michael Shea die lange Liste der Edinburgher Krimiautoren fort – von Stevenson über Sir Arthur Conan Doyle bis zu Phillip Kerr und Ian Rankin. Seine Geschichten spielen sich auf dem Parkett der Hochfinanz ab, der großen Intrige. Da kennt sich Shea gut aus, denn er war zehn Jahre lang der Pressesekretär ihrer Majestät der Königin.

Er sitzt an seinem Arbeitstisch. Akten liegen sorgsam drapiert umher, *coffee table books* sind aufgeschlagen. Michael Shea hat eine Titelliste, die so lang ist wie die der schottischen Freimaurer; er spricht Deutsch, Fran-

Edins Burg, Schottlands Herz. Wie Rom auf sieben Hügeln gebaut

zösisch und Rumänisch, er hat eine norwegische Frau, zwei Kinder und gut gestylte Augenbrauen.

Er ist Deputy Lieutenant der Stadt, und wenn Hoheiten nach Edinburgh kommen, darf er sie im Namen der Königin empfangen. Man kann sehen, dass ihm das etwas bedeutet. Er ist ein typischer Edinburghian: stolz, leutselig, aber Distanz haltend. Und sehr fleißig. Schon 20 Krimis hat er veröffentlicht. Warum hat Edinburgh so viele Kriminalautoren hervorgebracht, Mister Shea?

Michael Shea steht am Fenster und trinkt Tee. „Wegen der Kirche", sagt er dann. Angefangen hatte alles wohl mit John Knox, dem wortgewaltigen, düsteren Radikalreformer der schottischen Kirche, der gegen die „Weiberherrschaft" der schottischen Königin Maria Stuart und der englischen Elisabeth wetterte. Mit ihm und der 1560 verabschiedeten *Confessio Scotia* verlernten die Edinburgher für die nächsten 400 Jahre das lustige Leben, zogen sich ins Private zurück.

Alles wurde heimlich, und sonntags sprachen nur die Glocken. Dieses puritanische Dunkeltum war guter Nährboden für Schlüssellochguckerei und Wanderungen in die Tiefen einer Seele, die all das Sinistre einer gotischen Schlossstadt in sich begraben musste, bis es von einigen Pathologen schriftstellerisch seziert werden konnte.

Später wird Michael Shea ins „The Lairgh" gehen, einen Club mit mahagonidunkler Täfelung und fetten Ledersesseln, in denen dezent gekleidete Antiquitätenhändler versinken und die Welt durch ein Whiskyglas betrachten.

Dies ist das Edinburgh der Hinterzimmer und Verbindungen und lebenslanger Verbindlichkeiten. Wer hier nicht hineingeboren wurde, wird niemals hineinkommen. Wo anders hätte Michael Shea wohnen können, wenn nicht am Ramsay Garden? Was anders hätte er sein können, wenn nicht Pressesekretär der Königin? Welch andere Bücher hätte er schreiben sollen, wenn nicht Krimis?

Volker Handloik *Reporter in Moskau und Berlin, schreibt u.a. für* Mare, Stern *und das* SZ-Magazin.
Gregor Lengler *fotografierte für* MERIAN *zuletzt in Schweden (6/2001). Er lebt in Hamburg.*

MERIAN TIPP EDINBURGH

Valvona & Crolla: italienische Feinkost in Broughton

Mächtig schön: die Burg bei Nacht

SEHENSWERT

❶ EDINBURGH CASTLE
Castlehill, tgl. 9.30-18, Okt.-März bis 17 Uhr Schottlands meistbesuchtes Nationaldenkmal, das Edinburgh Castle, wurde im 11. Jh. unter Malcolm III. erbaut. Seine später heilig gesprochene Frau Margaret ließ darin eine Kapelle errichten, die St. Margaret's Chapel, die bis heute erhalten blieb. Sie gehört zu den Höhepunkten einer Besichtigungstour. Im 15. Jh. entstand auf dem Burggelände der Königliche Palast, in dem die Kronjuwelen und seit 1996 auch der *Stone of Scone,* der frühere Krönungsstein der schottischen Könige, ausgestellt sind. Zu sehen sind zudem das Militärgefängnis, die Burgverliese sowie die mehr als 550 Jahre alte *Mons Meg,* eine Kanone. Sie ist ein Geschenk des Herzogs von Burgund an James II. von Schottland und erreichte, geladen mit 50 kg Pulver und einem 250 kg schweren Stein, eine Schussweite von 3 km. Auf der Esplanade vor dem Castle findet seit 1950 im Rahmen des Edinburgh Festivals alljährlich der Zapfenstreich, das Military Tattoo, statt

❷ ROYAL MILE
Zwischen Edinburgh Castle und Holyrood Palace, dem Sommerpalast der Queen, bildet der Straßenzug Castlehill-Lawnmarket-High Street-Canongate die Royal Mile. Die Hauptader der Stadt trennt Old und New Town voneinander. Interessante Stopps sind die traditionsreichen Geschäfte und Pubs sowie das Writers' Museum mit Memorabilien schottischer Schriftsteller, die Camera Obscura sowie Gladstone's Land, das vom National Trust gepflegte Haus eines reichen Tuchhändlers aus dem Jahr 1631

❸ SCOTCH WHISKY HERITAGE CENTRE
Royal Mile, tgl. 10-17.30 Uhr, Tel. (0131) 2200441, www.whisky-heritage.co.uk, E-Mail: info@whisky-heritage.co.uk Eine Tour durch das Whisky-Besucherzentrum dauert etwa eine Stunde. Zur Einstimmung gibt es billigen Whisky, danach wird es spannend: erklärt werden Ursprung und Brennformen des Whisky sowie die Schmugglerwelt vergangener Tage. Achtung: Der Whisky-Shop ist überteuert

❹ CALTON HILL
Wer den Aufstieg zum Calton Hill (am östlichen Ende der Princes Street) nicht scheut, versteht, warum Edinburgh „Athen des Nordens" genannt wird. Der Panoramablick geht bis zum Firth of Forth. Am Weg lohnt ein Abstecher zum Calton Old Cemetery, dort liegt der schottische Philosoph David Hume (1711-76) begraben

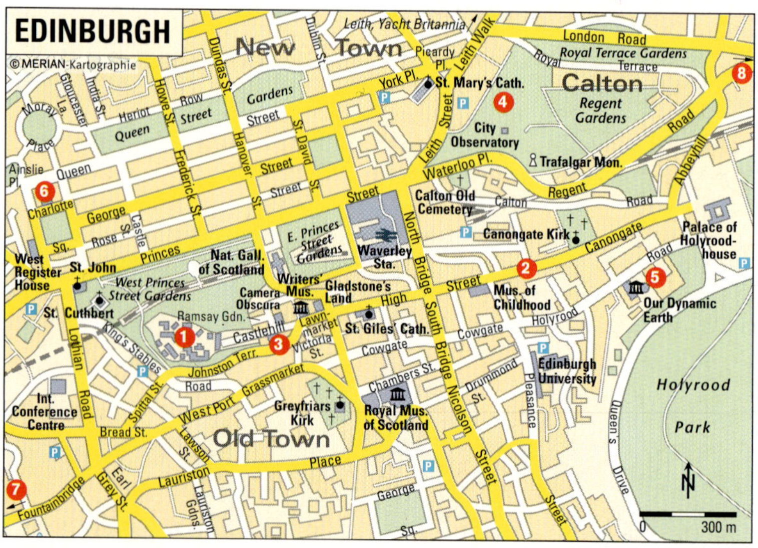

MUSEEN

5 DYNAMIC EARTH
Holyrood Road, Tel. (0131) 75 50 78 00, www.dynamicearth.co.uk, tgl. 10-18, Nov.-Ostern Mi-So 10-17 Uhr Aufwändiges, multimediales Spektakel, das die Entwicklung der Erde über 4,5 Mio. Jahre nachzeichnet, inklusive Erdbeben und tropischen Regenschauern

6 THE GEORGIAN HOUSE
7 Charlotte Square, April-Okt. Mo-Sa 10-17, So 14-17 Uhr Gehobene Wohnkultur des 18. Jhs. auf drei Etagen. Möbel und Alltagsgegenstände, Porzellan, Gemälde und Accessoires der damaligen Zeit zeichnen ein Bild vom Leben der Oberschicht in der New Town

7 SHAPING A NATION
Fountainpark, Dundee St., Mo-Do 12-19, Fr, Sa 12-21, So 14-21 Uhr, www.shaping-a-nation.co.uk Neu eröffnete, interaktive und computeranimierte Attraktion, die dem schottischen Erfindergeist huldigt: von Alexander Graham Bell bis zu den Errungenschaften der Biotechnologie

ERLEBENSWERT

GESPENSTERTOUREN DURCH EDINBURGH UND SEINEN UNTERGRUND
Mercat Tours, Telefon (01 31) 5 57 64 64, www.mercattours.com, E-Mail: info@mercat-tours.com Verschiedene Touren mit abenteuerlichen Geschichten zu Geistern, Friedhöfen und den Kriminalautoren zwischen Royal Mile und Grassmarket

8 CHAUFFEUR MIT KILT
39 Paisly Terrace, 130-170 £ pro Tag, Tel. (01 31) 6 53 61 51 Bis zu sieben Tage kann man sich in einer Limousine von einem *Kilted Chauffeur* durch das Land fahren lassen – allerdings wird jeden Tag gegen 18 Uhr Edinburgh wieder angesteuert. Ein ebenso kostspieliges wie spleeniges Vergnügen

LITERATUR

Margaret George: Maria Stuart. Der Roman eines Lebens, Lübbe 2001, 19,90 DM/10,17 Euro Vermittelt ein beklemmendes Bild vom mittelalterlichen Edinburgh

Philip Kerr: Durch den Spiegel ein dunkles Bild. Mein Edinburgh, Rowohlt 2001, 5 DM/2,56 Euro Zeigt ein düsteres Bild, das die puritanische Stadt noch vor 30 Jahren hervorrufen konnte

Ian Rankin: Der kalte Hauch der Nacht, 46 DM/23,52 Euro; Verborgene Muster, 14,90 DM/7,62 Euro, beide Goldmann Vorerst letzte Edinburgh-Krimis um den alkoholkranken Inspektor Rebus

Michael Shea: State of the Nation, Harper Collins Publishing Company, London, 6 £ Unterhaltsam-spekulativer Krimi über die Strippenzieher des wirtschaftlichen Zusammenbruchs in Schottland vier Jahre nach einer fiktiven Unabhängigkeit, nur auf Englisch

Die Britannia lief 1953 vom Stapel. 1997 wurde sie ausgemustert; heute liegt sie als Museumsschiff in Leith vor Anker

Rule, Britannia! Die Royal Yacht

Mehr als 40 Jahre war die Britannia die schwimmende Residenz des britischen Königshauses, war Schauplatz von Honeymoons, heimlichen Intrigen und großer Politik.

Von den Reagans bis zu Bill Clinton und Boris Jelzin beherbergte das stattliche Schiff die Ruhm- und Einflussreichen der Welt. Auf ihr wuchsen Königskinder heran und feierten, erwachsen geworden, ihre Flitterwochen: vier Paare insgesamt, unter ihnen Prinz Charles und Prinzessin Diana sowie der Herzog und die Herzogin von York. Alle vier Ehen erlitten Schiffbruch.

Als George VI. 1952 starb, ging mit der Krone auch die Yacht an Elisabeth. Fortan war das Schiff, das ein Jahr später vom Stapel lief, der einzige Ort, an dem sie, eigenen Angaben zufolge, sie selbst sein und sich zurücklehnen konnte. Der Geschmack der Queen schlug sich nieder in einer charmanten Mischung aus sparsamer Eleganz, fünfziger-Jahre-Interieur und üppig-floralem Design.

1981 sorgte Lady Di für Aufruhr, als sie die unsichtbare Mauer überschritt, die das Schiff in zwei Bereiche trennte: den Royal Part – der Königsfamilie und den 45 Mitgliedern des königlichen Haushalts vorbehalten – sowie den Navy-Part, Wohn- und Arbeitsbereich der 260 Offiziere und Matrosen. Als die frisch vermählte Prinzessin mit der Besatzung ein Seemannslied anstimmte, wurde sie energisch auf die königliche Seite zurückgerufen. Die Herzen der Seemänner folgten ihr trotzdem.

In letzter Mission fuhr die Britannia im Sommer 1997 nach Hongkong. Es war das Ende einer Epoche: Der Abschied von der Kolonie fiel zusammen mit dem Farewell von der königlichen Schifffahrt Großbritanniens. Mit der Britannia wurde das letzte Flaggschiff der einstigen Seemacht aus dem Verkehr gezogen. Die Queen weinte.

Nach 968 offiziellen Fahrten über die Weltmeere ging die Britannia in Leith, Edinburghs Hafen, in Pension. Seit 1998 ist sie – die Queen soll *not amused* gewesen sein – der Öffentlichkeit zugänglich. Die Besichtigung der vier Hauptdecks des gut 125 Meter langen Schiffes nimmt mit Audiotour etwa zwei Stunden in Anspruch. Eine Zeitreise zurück in die Fifties, schöner als jede Seifenoper.

Catharina Dufft

ROYAL YACHT BRITANNIA
Ocean Drive Leith
Tel. (01 31) 555 55 66, Mo-So 9.30-16.30, Nebensaison Mo-Fr 10.30-15.30 Uhr, www.royalyachtbritannia.co.uk, Voranmeldung empfohlen

Ich schick dir eine Eule

Pottermania auf allen Kontinenten – Autorin Joanne K. Rowling wird gefeiert wie ein Pop-Star. Die ersten Abenteuer ihres Helden skizzierte sie in den Cafés von Edinburgh. Schriftstellerin Cornelia Franz über Zauberei und andere Methoden, die zum Erfolg von Harry Potter führten

Es ist die Geschichte *from rags to riches,* vom Tellerwäscher zum Millionär. Es ist der Traum des Underdogs, der schließlich über alle triumphiert, das Märchen von Aschenputtel. Es ist die Geschichte der Sozialhilfeempfängerin in einem Zimmerchen im kalten Edinburgh, die sieben Jahre später die drittreichste Frau Großbritanniens sein wird. Es ist die Geschichte von Joanne K. Rowling. Und die von Harry Potter.

Harry Potter, schmächtig, Brille auf der Nase, von seinen Verwandten, den Dursleys, gedemütigt, wie es im Märchen nur die armen Stiefkinder werden. Harry, der zunächst nicht einmal weiß, dass er magische Kräfte besitzt und dass er in der Welt der Zauberer das berühmteste Kind aller Zeiten ist.

Es ist eine alte Geschichte und es ist eine einfache Geschichte: der Kampf Gut gegen Böse, wobei am Ende das Gute gewinnt. In jedem der Bände schafft es Harry, dem grausamen Lord Voldemort zu entkommen und die dunklen Mächte zu besiegen.

Ein altes Thema also, ein archaisches Motiv. Tausendmal gehört, gelesen und gesehen, in Märchen, Romanen, Fernsehkrimis und Fantasy-Serien. Ganz einfach.

Aber warum dann dieser unglaubliche Erfolg, nicht nur bei Kindern und Jugendlichen, sondern auch bei deren Eltern? Warum Millionenauflagen rund um den Globus? Warum sind die Potter-Bände die erfolgreichsten Bücher aller Zeiten, wie Stephen King (neidlos?) zugeben muss. Wo immer zwei Kinderbuchautoren zusammentreffen, taucht irgendwann die Frage auf: Wie hat sie es nur geschafft? Und natürlich steckt bei dem einen und der anderen die Frage dahinter: Warum nicht ich, warum nicht meine Bücher?

Dann wird das simple Strickmuster beklatscht – sie hat eben zwei beliebte Genres zusammengepackt: Internatsgeschichten wie „Hanni und Nanni" oder „Burg Schreckenstein" und Fantasy wie „Herr der Ringe". Hätten wir eigentlich auch drauf kommen können ... Und dann wird vom Medienrummel gesprochen, von clever pokernden Lizenzverkäufern und von diesem unerklärlichen Kultphänomen, das auch die Rocky Horror Picture Show seit Jahrzehnten am Leben hält.

Doch zu Hause dann, allein auf der Suche nach dem Stein des Weisen, tauchen plötzlich ganz andere Erklärungen aus den Seiten auf: Die Rowling hat unfaire Mittel ins Spiel gebracht! Den Imperio-Fluch womöglich, mit dem sie sich Millionen von Menschen zu Willen gemacht hat? „Kauft Harry Potter, immer wieder Harry Potter und sonst nichts!"

Die magische Welt – das ist die Basis des Rezepts. Sie ist der nüchternen Realität der Muggels, der Menschen ohne Zauberkraft, gegenübergestellt. Es ist die Welt des Zauberer-Internats Hogwarts, wohin man gelangt, wenn man von Gleis Neundreiviertel der Londoner King's Cross Station abfährt, wo Fliegenlernen auf dem Stundenplan steht und wo die Maulende Myrthe im Mädchenklo herumspukt. Diese Welt ist so detailreich beschrieben, bis ins Kleinste in allen Bänden durchkonstruiert, dass sie nicht nur von einer Riesenportion Fantasie zeugt, sondern von ebenso viel logischem Denkvermögen.

Es ist eine Welt, die in unzähligen Einzelheiten der realen Welt eines britischen Internats entspricht. Von der Schuluniform und den Schlafsälen über die hochnäsigen Vertrauensschüler bis hin zu dem Ehrgeiz des Internats, in Hockey-, pardon, Quidditch-Turnieren den anderen Schulen den Rang abzulaufen.

Mit viel Witz gelingt es Rowling, der Fantasy-Welt Gegenwartsbezug zu geben. Da scheut sie auch nicht davor zurück, den greisen Schulleiter Dumbledore, Inbegriff von Güte und Weisheit, zum Ziel liebevollen Spotts zu machen. Und selbst unsere allererste Begegnung mit dem Säugling Harry und mit seiner berühmten Narbe auf der Stirn – ein Zeichen Voldemorts! – wird von diesem Witz begleitet: „Ja", sagte Dumbledore, „diese Narbe wird ihm immer bleiben."

„Können Sie nicht etwas dagegen tun, Dumbledore?"

„Selbst wenn ich es könnte, ich würde es nicht. Narben können recht nützlich sein. Ich selbst habe eine oberhalb des linken Knies, und die ist ein tadelloser Plan der Londoner U-Bahn."

Doch genauso gekonnt wie sie mit Augenzwinkern Abstand zu ihren Figuren beweist, macht sie uns mit dem Grauen bekannt. Auch das gehört zu der Rowlingschen Erfolgsrezeptur. Als Harry endlich Voldemort begegnet, schützt ihn – und uns – keine ironische Distanz: „Der dürre Mann stieg langsam aus dem Kessel und starrte Harry an ... und Harry starrte zurück in dieses Gesicht, das ihn drei Jahre lang in seinen Alpträumen verfolgt hatte. Weißer als ein Schädel, mit weiten, scharlachrot lodernden Augen und einer Nase, die

Mythen der Gegenwart: Harry Potters Welt hat weltweit Millionen Leser gefunden

so platt war wie die einer Schlange, mit Schlitzen als Nüstern …" Es beginnt noch recht harmlos und wird dann im Verlauf der Szene immer schauerlicher. An den Ku-Klux-Klan werden wir erinnert, an Ritualmorde und Kadavergehorsam.

Hier haben wir eine weitere Erklärung für Rowlings Siegeszug. Eine, die vor allem Leser jenseits der Pubertät gerne ins Feld führen: Die Potter-Bücher sind moralische Bücher. Da geht es nicht nur um den Kampf zwischen Gut und Böse, sondern auch darum, wer welche Position in der Zaubererwelt hat und haben darf. Mehr oder weniger offensichtlich kommen das britische Klassensystem, Rassendiskussion (dürfen Schlammblütler in Hogwarts aufgenommen werden?) und Ausbeutung am Arbeitsplatz (unterdrückte Hauselfen halten das Internat in Schuss) ins Spiel.

Bei Rowling gibt es ein Wertesystem, wie es so mancher in den rotzigen, aufmüpfigen Kinder- und Jugendbüchern der letzten Jahrzehnte vermisst hat. Ihre Bücher knüpfen an die Tradition der erzieherischen Kinderbücher an. Harry Potter und seine Freunde sind aufrichtig, ehrlich, tapfer und haben Gemeinschaftssinn. Und dabei sind sie mitnichten Helden, sondern Kinder mit all ihren Schwächen und Macken.

Vieles ist schwarz-weiß in diesem System: Die Schlechten sind schlecht und die Guten sind gut. Aber aufpassen muss man trotzdem. Denn das Böse kann sich hinter der Maske des Harmlosen verbergen und der Unschuldige durch einen schwarzen Zauber zum Werkzeug des Bösen werden.

Rowling versteht es, die Zaubererwelt zu einem komplexen Universum der Verwandlungen und Verwirrungen zu machen, ohne die Logik der Erzählstruktur preiszugeben. Keines ihrer unzähligen, scheinbar aus reiner Fabulierlust entstandenen Fädchen verliert sie aus den Augen. Ihr beim Entwirren dieses Knäuels zuzuschauen – allein das ist schon fast so spannend wie Harrys Kampf gegen Voldemort.

Rowling hat eine in sich geschlossene Welt geschaffen, die funktioniert. Dabei hilft ihr das Internatsgenre genauso wie das Spezifische der Fantasy-Literatur. Mit jedem Band zieht sie ihre Leser tiefer hinein in diese Welt. All die kleinen Details ihrer Geschichten werden zu Insiderwissen, das diejenigen ausschließt, die sich dem Kult verweigern. „Durch dieses Buch nimmt die Kinderliteratur ausnahmsweise wieder an einem Prozess teil, von dem sie längst abgekoppelt ist, den sie aber eigentlich mitbegründet hat: der Schöpfung eines kollektiven Geschichtenfundus für Kinder, aber nicht nur für sie," schreibt die *FAZ*. Oder anders ausgedrückt: Wer nicht versteht, was es heißt, eine Eule zu verschicken, ist megaout. Und das für Jahrzehnte. Schließlich wissen wir ja auch heute noch, was ein Scheinriese ist – von Ferne größer, als er wirklich ist.

Harry Potter hat die Kinderliteratur aus ihrem Schattendasein befreit. Was im *Spiegel* ebenso besprochen wird wie in der *New York Times*, was Jahre lang die ersten Ränge der Bestsellerlisten blockiert, das darf man getrost im ICE aus der Aktentasche holen. „Das sind ja auch keine Kinderbücher im eigentlichen Sinn", hört man hier und da die Ausrede der immer noch Verschämten.

Darum sei es noch einmal mit Nachdruck gesagt: Doch, Harry Potters Abenteuer sind Kinderbücher, nicht mehr und nicht weniger! Bücher voller zauberhaftem Witz und atemberaubender Spannung, Bücher voll Glauben an böse Mächte und schlichtem Vertrauen in das Gute.

Und wer meint, dass Kinderbücher zur Erwachsenenliteratur mutieren, sofern sie nur genug Geld einspielen, der hat ihren eigenen Wert nicht begriffen. Und der hat wohl auch Harry Potter und seine Welt nicht verstanden. Wie schreibt Rowling auf Seite 19, Band 1: „Diese Leute werden ihn nie verstehen! Er wird berühmt werden – eine Legende – … ganze Bücher wird man über Harry schreiben – jedes Kind auf der Welt wird seinen Namen kennen!"

Joanne K. Rowling, Sie sind nicht nur eine Zauberin, sondern auch eine Prophetin.

Cornelia Franz *ist Kinder- und Jugendbuchautorin in Hamburg. Ihre Bücher (u.a. „Lulu aus dem All", „Max Mücke macht Hokuspokus!", „Verrat") erscheinen im* aare Verlag *und bei* dtv.

Foto: Klaus Walters

Einer wird gewinnen:
Terrier im Wettstreit
auf der Scottish Fair

Tierisches Vergnügen

Sie tragen Sherlock-Holmes-Mützen auf dem Kopf und das Schwert seitlich am Kilt. Bei den mittelalterlichen Highland Games bestätigen die Schotten alle Klischees

Text: Dirk C. Fleck, Fotos: Peter Rigaud

Alles nur ein Spiel: Jimmy McGregor, Conférencier der Game Fair

Das Schönste für die Erwachsenen: staunende Kinder bei der Gänseshow

Sie schlängeln sich durch Slalomstangen, balancieren über Wippen, wuseln durch Stofftunnel oder fliegen mit wehenden Ohren meterweit über Hindernisse. Rotwangige Mädchen treiben sie mit spitzen Schreien zu immer neuen Höchstleistungen an. Die Zuschauer auf der Haupttribüne verfolgen den Wettlauf der Terrier um die Bestzeit entweder lächelnd oder mit herzzerreißendem Winseln, je nachdem, welcher Spezies sie angehören, Mensch oder Hund.

Bis zu 30 000 Gäste, Vierbeiner nicht mitgezählt, treffen sich alljährlich in einer weißen Zeltstadt vor den Toren von Scone Palace unweit von Perth, dem Wohnsitz von Earl und Countess of Mansfield, zu einem Treiben, das zwei Tage dauert: zur „Scottish Fair", Jahrmarkt, Messe und Sportfest.

Wer das Gelände betritt, lässt den Alltag hinter sich. Eben noch schlurften die Besucher auf den Parkplätzen

Es duftet nach gegerbtem Leder, Gras, Schafspelz und Bonbons

Gehorsam ist alles: Pfeifton und Gestik zeigen dem Hund, was er zu tun hat

durch ein Meer aus Blech, jetzt schreiten sie über saftiges Grün, auf einen schulterhohen Hirtenstab aus den Highlands gestützt. Viele haben Gewehre geschultert oder tragen Tarnkleidung. Jeder zweite führt einen Hund an der Leine. Ich sehe Unmengen von Sherlock-Holmes-Mützen und Tweed-Jacken, häufig sogar in Kombination mit Kilt und Schwert.

Die Zeltstadt duftet nach gegerbtem Leder, Gras, Schafspelz, Bonbons und geölten Waffen. Die Besucher inhalieren die Luft wie ein Aphrodisiakum. Die Gewehrsalven von den Tontaubenschießständen sind ohrenbetäubend, doch der Lärm stört kaum jemanden hier.

Alle zwei Stunden lassen die *Lumberjacks* in der umzäunten Feldarena ihre Kettensägen aufheulen: Die beiden durchtrainierten Muskelprotze im Schottenrock wollen aus Holzstämmen Stühle formen.

„Die Leute lieben das", sagt Ian McCall, Direktor der Game Conservancy Trust, der die Fairs organisiert. „Außerdem befinden wir uns an einem Ort, der mit schottischer Geschichte beladen ist."

Vor den Mauern von Scone Palace stand die im 12. Jahrhundert erbaute Augustinerabtei Scone Abbey, in der alle schottischen Könige zur Inthronisation auf dem *Stone of Scone* Platz nahmen, einem Sandstein. Englands Herrscher Edward I. verschleppte den Krönungsstein im Jahre 1296 als Kriegsbeute nach London und deponierte ihn unter dem Thron in Westminster Abbey. 700 Jahre blieb er dort, als Symbol der Unterwerfung der Schotten unter die Engländer. Erst 1996 wurde er, mit offizieller Erlaubnis der Queen und des Premierministers, von London zurückgebracht; heute befindet er sich in Edinburgh Castle.

Aus den Lautsprechern, die in den Ästen der mächtigen Bäume hängen, erklingt eine Stimme; seit Stunden füttert sie die Besucher der Scottish Fair mit Informationen zum Programm. Der Mann, der die Massen derart im Griff hat, sitzt in einem kleinen Holzverschlag am Rande des Main Ring neben der Tribüne.

„Keine andere Veranstaltung kann sich mit der Scottish Fair vergleichen", erklärt Jimmy McGregor, der normalerweise durchs Land tingelt und mit seiner Stimme auf kleinen Bühnen als *Storyteller* arbeitet. Jetzt ist er Zeremonienmeister.

James Tomlinson, Weltmeister im Fliegenfischen, hat den Main Ring betreten. Der Champ trägt eine Jeansjacke zum Kilt, die von oben bis unten mit Medaillen bestückt ist. Sichtbare Zeichen großer Siege, die er sich rund um den Erdball geangelt hat. Tomlinson posiert wie ein Popstar. Immer wieder wirft er seine Rute auf dem Rasen aus. Wurf folgt auf Wurf. Akribisch erklärt er jede seiner Bewegungen. Das Publikum applaudiert.

Es gibt Elemente im Entertainment-Programm, deren Faszination sich einem Städter aus Kontinentaleuropa

Kettensägen heulen, Gewehrsalven dröhnen. Schotten lieben das

Gänse, marsch! Das Publikum liebt Tiershows

An die Leine gelegt: Knapp zwei Meter muss ein Team die Gegner zu sich herüberziehen

Der Dudelsack, die War Pipe, ist das Hauptinstrument jeder Gameshow

Unter Dampf: Tontaubenschießen mit historischen Waffen

nicht sofort erschließt. Was treibt Menschen dazu, sich zu Hunderten auf Strohballen zu zwängen, um bei den „Open Spaniels" Jagdhunde zu beobachten, die auf einer Wiese nach Stoffhasen schnüffeln? Was begeistert Erwachsene und Kinder daran, dass eine Schar schnatternder Gänse in einen Pferch getrieben wird?

Warum strömen Menschen in eine Arena, um einer Frau beim Chili-Showkochen zuzusehen? Weshalb stehen Dutzende von Männern um einen Schotten im Kilt herum, der bedächtig Steine klopft, um sie dann akribisch zu einem Schießstand zu türmen?

Die Antwort steht auf einem Transparent, das die Gamekeeper Row überspannt: „Wir Schotten sind im Ländlichen verwurzelt. Der Unterschied zwischen Stadt und Land und die damit verbundene Intoleranz der Städter gegenüber der Landbevölkerung ist bei uns lange nicht so ausgeprägt wie in anderen Teilen Großbritanniens. Aber wenn wir nicht wachsam sind, wird sich unsere Gesellschaft allmählich von ihren Wurzeln entfernen."

Für Charly Gladstone, Chairman des schottischen Game Concervancy Trust, ist die Game Fair zwar auch ein großes Volksfest, aber in erster Linie ein Versuch, die Bevölkerung über Landschaftspflege und Game-Management aufzuklären.

„Die Fair hat pädagogischen Wert", sagt der Chairman. Und fügt hinzu, dass die Schotten, wie er findet, ein Recht auf den Besitz von Waffen haben. Vereinzelten Bemühungen, es einzuschränken, treten Traditionalisten wie er mit aller Kraft entgegen.

Mahnend sprechen die Veranstalter der Fair von der natürlichen Balance, die es zu bewahren gilt. Das klingt zwar sanft und ökologisch, verhüllt aber nur geschickt die Forderung der Männer nach einem Freibrief für die Jagd. Lächelnd sagt Charly Gladstone: „Wenn man uns verbieten würde, zu jagen und zu schießen, wären wir nicht mehr motiviert, uns um ein ausgewogenes Verhältnis in der Natur zu kümmern."

Er sieht mich an, wie man einen hoffnungslosen Romantiker anschaut, dem unter dem Schlagwort „natürliche Balance" immer noch die Selbstreinigungskräfte der Natur versteht. „Wenn wir die Kontrolle über die Natur abgäben", sagt Gladstone, „würde es hier bald von Hasen, Füchsen und Bussarden wimmeln. Wer einer Spezies erlaubt, sich über Gebühr auszubreiten, nimmt in Kauf, dass alle anderen in Mitleidenschaft gezogen werden."

Und leiden wird, meint der Schotte, vor allem der Mensch: Die Hälfte der schottischen Landbewohner lebt von Jobs in der *Countryside*-Industrie.

Noch ist Schottland nicht verloren. Aber die Alarmglocken läuten. Robert

Wie süß. Naschwerk öffnet Portemonnaies und Kinderherzen

Höhepunkt der Spiele: Baumstämme werden zersägt und in Scheiben geschnitten

Hughes von der British Deer Society, die den Wildbestand im Lande kontrolliert, versteht die Diskussion ums Jagen und Schießen nicht. Er dürfe sich kaum noch mit zwei Hunden in den Weiten Schottlands blicken lassen: „Nur noch einen von ihnen darf ich auf den Hasen loslassen. Wenn ich mit zweien jage, kostet mich das 500 Pfund Strafe oder ein halbes Jahr Gefängnis."

„Kill the Bill!", heißt das Motto, das sich Hughes und die Gamekeeper auf die Fahne geschrieben haben, um die Gesetzesvorlage zur Neuordnung der Jagd abzuschmettern.

Die schottische Protestbewegung hat bereits in der Hauptstadt Druck gemacht: Am Countryside-March auf London im Jahre 1998 nahmen 250 000 Menschen teil. Sie gingen auf die Straße für die Freiheit ihrer ländlichen Bräuche. „Das war die größte Demonstration seit der Anti-Atom-Bewegung", sagt Robert Hughes stolz.

Unter einem Zeltdach vor dem Scone Palace ducken sich hinter Gittern ängstlich zwei Wölfe. Sie wurden in einem neu geschaffenen Reservat in den Highlands angesiedelt.

Beißender Pulverdampf weht vom Schießstand herüber; aus dem Food-Zelt duftet es nach Fisch und Fudge, dem klebrig-süßen Zuckerwerk. Von Aal bis Ale werden in dem Gourmet-Tempel alle Köstlichkeiten Schottlands dargeboten.

Andernorts hätten die Organisatoren einem Zelt, in dem 30 000 Leute satt werden sollen, einen soliden Holzfußboden verpasst. Nicht so in Scottish Fair Country: Hier wandeln wir in tiefem Gras.

So sind die Schotten. Ackerbauern, Viehzüchter – und Jäger. In ihrer Erdverbundenheit haben sie einen Landschaftsgarten von imposanter Schönheit geschaffen.

Und lieben es, darin auf alles zu schießen, was nicht rechtzeitig auf den Bäumen ist.

Dirk C. Fleck *lebt als Schriftsteller („Go! Die Ökodiktatur"), Drehbuchautor und Reporter in Hamburg.*
Peter Rigaud *fotografierte für* MERIAN *zuletzt in Paris. Er lebt in Wien.*

MERIAN TIPP HIGHLAND GAMES

Highland Games oder Highland Gatherings finden von Mai bis Sept. in mehr als hundert Orten statt. Im Mittelalter musste der Nachwuchs dabei seine kriegerischen Fähigkeiten in „Heavy Events" beweisen: Tossing the Caber (Baumstammwerfen), Putting the Stone (Wuchten von Steinen) und Throwing the Hammer (Hammerwerfen). Später kamen sanftere Disziplinen wie Tanz oder Dudelsackspiel zum klassischen Repertoire hinzu

BLACKFORD GAMES
Auskunft: Tel. (01764) 682314, letzter Sa im Mai Heavy und Dancing Events; Meisterschaft im Tauziehen (Tug-O-War Championship) **D/E 7**

BRAEMAR GATHERING
Auskunft: Tel. (01339) 755377, erster Sa im Sept. Das bekannteste Game Schottlands. Fast immer sind auch Mitglieder der Königsfamilie zu Besuch **E 6**

BRODICK GAMES
Auskunft: Tel. (01770) 302290, letzter Sa im Aug. Von Heavy Events bis zu Tänzen wird auf der Isle of Arran alles gezeigt, was Highland Games auszeichnet **C 8**

BUTE GAMES
Auskunft: Tel. (01700) 502151, Sa Mitte Aug. Spiele auf der Isle of Bute mit dem ganzen Game-Spektrum inklusive Trommler- und Dudelsack-Wettbewerb **C 7**

CAITHNESS GATHERING
Auskunft: Tel. (01847) 841268, erster Sa im Aug. Radrennen, Heavy Events, Tänze, Baby-Show in John o' Groats. Gekürt das ansehnlichste Kleinkind **F 2**

DINGWALL GATHERING
Auskunft: Tel. (01349) 864100, erster Sa im Juli Neben Heavy und Dancing Events informiert die Countryside-Industrie über ihre Produkte **D/E 4**

DRUMTOCHTY GAMES
Auskunft: Tel. (015 61) 37 81 20, vierter Sa im Juni Heavy und Dancing Events; zusätzlich Open Hill Races auf den Drumtochty Castle Grounds nahe Laurencekirk **F 6**

FORFAR GAMES
Auskunft: Tel. (013 07) 46 56 05, zweiter So im Juni Spiele im Park von Glamis Castle, nördlich von Dundee, wo Queen Mum ihre Kindheit verbrachte. Highlight: die schottische Meisterschaft im Baumstammwerfen **E 6**

SCOTTISH FAIR
Auskunft: Tel. (016 20) 85 05 77, 1. Juli-Wochenende *Countryside*-Fair bei Perth mit Hunderennen und Fliegenfischen **E 7**

TOMINTOUL GAMES
Auskunft: Tel. (014 66) 70 22 66, dritter Sa im Juli Hill Races, Piping Competitions und Children's Fancy Dress Parades sind die Publikumsmagneten **E 5**

Nach dem Niedergang traditioneller Wirtschaft setzt Schottland auf den Zukunftsmarkt Biotechnologie. Das Roslin-Institut, berühmt geworden mit dem Klon-Schaf Dolly, gehört zu den führenden Forschungseinrichtungen der Branche

Schafes Bruder

Text: Petra Thorbrietz

Auf die Frage nach dem Roslin-Institut reagiert erst der dritte Gast im Pub. Die Einwohner des kleinen Ortes südlich von Edinburgh hat der Medienrummel der vergangenen Jahre nicht sonderlich beeindruckt. Was soll schon die ganze Aufregung um ein Schaf, das aussieht wie viele andere und zur Landschaft gehört wie der blühende Ginster der Highlands oder die saftig-grünen Wiesen der Ebene. Schon im Anflug auf Edinburgh sind sie auszumachen: weiße Sprenkel aus Wolle, die wie Sommersprossen das Land überziehen.

Hier ist es geboren worden: Dolly, das Klon-Schaf. Ein Geschöpf aus der Werkstatt von Wissenschaftlern. Keine natürliche Geburt, sondern eine gezielte Manipulation unter dem Mikroskop. Das erste Säugetier der Welt, das nicht von Eltern gezeugt, sondern von Biologen kopiert wurde – aus der Euterzelle eines toten Tieres.

Haben die Forscher aus Roslin die Schöpfung fahrlässig herausgefordert? Zumindest haben sie sich daran gewöhnen müssen, dass ihre Arbeit immer wieder mit Frankenstein & Co. verglichen wird, dass Reporter nahkampferfahrene Assistenten mitbringen, um im Blitzlichtgerangel die besten Shots von dem unheimlichen Schaf zu ergattern und dass überhaupt vieles völlig missverstanden wird, was das Klonen und die Gentechnik angeht.

„Spiel mit der Schöpfung, ich mag solche Vergleiche nicht", erklärt Harry Griffin, stellvertretender wissenschaftlicher Direktor des Roslin-Instituts. Stolz waren die Mitarbeiter schon, als sie im Februar 1997 im Wissenschaftsmagazin *Nature* die erfolgreiche Geburt von Dolly (die inzwischen schon sieben Monate alt war) bekannt geben konnten. Aber sie hatten nicht damit gerechnet, dass sich plötzlich die ganze Welt für ihr Schaf interessieren würde.

Schon wurden die Labors von Hunderten von Journalisten belagert. Über eilig errichtete Satellitenantennen ging die Botschaft in die ganze Welt. Der amerikanische Präsident rief seine Bioethik-Kommission zusammen, und Ian Wilmut, der „Dolly-Erfinder", wurde innerhalb kürzester Zeit vor den Kongress in Washington, ins britische Unterhaus und ins Europäische Parlament geladen, um über die Konsequenzen zu diskutieren, die dieses außergewöhnliche Schaf nach sich ziehen würde.

„Dolly hat mein Leben verändert, und sie wird das Leben aller Menschen verändern" – auch Wilmut sorgt sich, dass seine Technik missbraucht werden könnte, um Menschen zu klonen. Gleich nach den ersten Presseberichten meldeten sich bei ihm erste Bittsteller: Angehörige baten einen geliebten Verstorbenen „wiederzuerwecken" oder ein Haustier, dessen Verlust nicht zu verwinden ist.

Der Embryologe besitzt nichts von dem Größenwahn, der manche seiner wissenschaftlichen Nachahmer beseelt: den Amerikaner Richard Seed zum Beispiel, der Interessenten anbietet, sie für dreieinhalb Millionen Dollar zu klonen, oder Severino Antinori, den römischen Frauenarzt, der unfruchtbaren Patientinnen vollmundig verspricht, Klonen sichere das Recht auf Nachwuchs. „Man überschätzt das Potenzial der Biologie", betont Ian Wilmut. „Das Klonen von Tieren ist nicht effizient. Versuche, Menschen zu klonen, würden zu Totgeburten führen."

„Wir haben sehr deutlich gemacht, was wir von solchen Projekten halten", sagt Harry Griffin mit Nachdruck. Denn auch die wissenschaftliche Sensation Dolly hatte einen hohen Preis: mit 277 Embryonen hat das Institut gearbeitet, bis die gesunde Dolly entstand. Dazu mussten verschiedenen Schafen über 400 Eizellen auf dem Operationstisch entnommen und viele davon später mit neuer Genfracht den potenziellen Leihmüttern wieder eingesetzt werden.

„Diese Probleme haben uns schlaflose Nächte bereitet", gesteht Griffin. Ein neugeborenes Klon-Lamm sah zunächst putzmunter und gesund aus, bis es plötzlich zu hecheln und nach Luft zu ringen begann: Das Lungengewebe war zu dick, das Tier bekam nicht genügend Sauerstoff. „Wir konnten es nicht heilen und mussten es töten", sagt Griffin. „Wer wollte solche Experimente am Menschen durchspielen?"

Noch ist nicht klar, ob die Technologie langfristig überhaupt funktioniert, da hat die britische Regierung schon angekündigt, das Klonen von Menschen zu verbieten. Dass andererseits die Biotechnologie auf der Insel besonders ge-

Fotos: Philippe Plailly, Roddy Field

Noch trinken sie, bald geben sie selbst Milch: Transgene Schafe produzieren das Enzym AAT, mit dem Lungenkrankheiten behandelt werden

Das Roslin-Institut nahe Edinburgh soll zu einem Wissenschaftspark für Biotechnologie-Unternehmen ausgebaut werden

fördert wird, ist nur ein scheinbarer Widerspruch: Das Verbot soll die Forschung beschleunigen und nicht bremsen – endlose Debatten über das Wesen des Menschen und die Frage, ob und wie man ihn verändern dürfe, hat man im Königreich nicht geführt. Wer forschen möchte, muss einen plausiblen, vernünftigen Grund angeben, das reicht.

Bereits seit 1990 erlaubt Großbritannien per Gesetz das gezielte Erzeugen von Embryonen im Labor, um mehr über erste Stadien des Lebens zu erfahren und daraus neue Therapien zum Beispiel gegen Unfruchtbarkeit zu entwickeln. Nun wurden die Forschungsziele erweitert. Seit 2001 darf auf der Insel therapeutisch geklont werden: um herauszufinden, wie sich die Zellen der vervielfältigten Embryonen nach und nach auf verschiedene Aufgaben spezialisieren und zu Nerven, Muskeln oder Haut werden. Könnte man diesen Mechanismus verstehen oder sogar beherrschen, ließen sich im Labor Ersatzorgane züchten.

Kurz nach der Befruchtung sind die Zellen eines Embryos „totipotent“: Jede einzelne Zelle kann sich zu einem vollständigen Organismus entwickeln. Diese Fähigkeit ermöglicht das Klonen: Eine junge Zelle wird vom Embryo getrennt, entkernt, der Inhalt in eine leere Eihülle gesteckt und dort vermehrt. Auch die Zellen von weiterentwickelten Föten können noch geklont werden. Auf den Weiden des Roslin-Instituts springt eine ganze Herde solcher Klontiere herum: Megan und Morag, Welsh-Mountain-Mutterschafe, Taffy und Tweed, zwei stattliche Black-Welsh-Böcke, oder Cedric, Cyril und Cecil, Tuppence, Bonnie oder Polly.

Das Besondere an Dolly: es gelang den Roslin-Forschern erstmals in der Geschichte der Biologie die Zelle eines erwachsenen Tieres – in diesem Fall aus dem Drüsengewebe eines anderen Schafes – zu vermehren. Der Trick: Die Wissenschaftler versetzten die Zelle in einem Laborgefäß in eine Art künstlichen Tiefschlaf, so dass sie ihren Stoffwechsel einstellte, aber nicht abstarb. Danach ließ sie sich wieder in ihren Urzustand zurückverwandeln und war entwicklungsfähig wie die Zelle eines Embryos. Warum das so ist, konnte noch nicht völlig geklärt werden. Langfristig aber könnte die Arbeit mit diesen Zellen die moralisch heikle Forschung an Embryonen überflüssig machen, weil mit normalem Gewebe gearbeitet werden kann.

Bis das so weit ist, dürfen im Königreich menschliche Embryonen erschaffen und innerhalb von 14 Tagen seziert werden, um sie dann, mit amtlichem Stempel, zu vernichten. Ethische Bedenken, dass aus diesen Zellhaufen unter anderen Bedingungen auch Menschen entstehen könnten, sind damit zugunsten höherer Forschungszwecke abgehakt.

Der Pragmatismus angelsächsischer Rechtstradition verbindet sich dabei mit dem Rationalismus der schottischen Aufklärung: Das Land im Norden der britischen Insel brachte eine Vielzahl überragender Mediziner und Nobel-

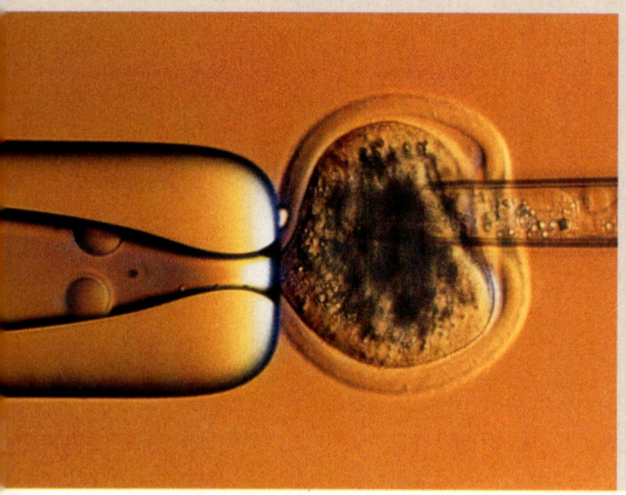

KLONEN

Die Herstellung identischer Kopien eines Organismus nennt man KLONEN. Dazu wird einer LEIHMUTTER eine reife EIZELLE entnommen und im Labor entkernt. In die leere Hülle wird das ERBGUT einer anderen Zelle geschleust. Danach kann der geklonte Embryo in den Körper zurückverpflanzt werden.

Jede einzelne Körperzelle enthält den gesamten genetischen Bauplan eines Tieres oder Menschen. Im Prinzip lässt sich aus ihr ein neuer Organismus schaffen. Ausgereifte Zellen haben sich jedoch bereits spezialisiert und erfüllen nur noch bestimmte Funktionen als Organe, Nerven oder Haut. EMBRYONALE STAMMZELLEN dagegen, die allerersten Zellen eines Organismus, die sich durch Teilung vermehren, sind noch TOTIPOTENT: Aus ihnen kann sich jedes beliebige Gewebe entwickeln. Ihre Verwendung ist gerade deshalb umstritten, weil aus jeder Zelle ein vollständiger Organismus, zum Beispiel ein Mensch, werden könnte. Ausgangspunkt für die Züchtung von Gewebe sind deshalb meist etwas ältere Zellen, die PLURIPOTENT sind. Aus ihnen lässt sich zwar kein vollständiger Organismus, wohl aber verschiedenes Gewebe entwickeln.

KLONEN soll vor allem dazu dienen, gentechnische Veränderungen an einem Organismus zu vervielfachen: bei der Zucht von TRANSGENEN TIEREN zum Beispiel, die in ihrer Milch Arzneimittel produzieren, als Organspender dienen oder Gewebe für die ZELLTHERAPIE bilden sollen. Ziel ist dabei, Patienten körpereigene Zellen zu entnehmen, daraus einen Embryo zu züchten und dessen Stammzellen in den Körper zurückzuverpflanzen, um Krankheiten zu heilen, zum Beispiel Leukämie oder Parkinson. Diese Forschung steht jedoch noch ganz am Anfang.

preisträger hervor: John McLeod (1876-1935) zum Beispiel, der das Insulin entdeckte, oder Alexander Fleming (1881 bis 1955), der herausfand, dass Pilze Bakterien abtöten können, Grundlage für das Penicillin. Der Chemiker Alexander Robertus Todd schließlich legte die Grundlagen für die spätere Entdeckung der Erbsubstanz DNA.

Großbritannien hat die Nase vorn in der Biomedizin: Es waren Briten, die 1978 Louise Brown zur Welt brachten, das erste Retortenbaby: Die Eizelle ihrer Mutter wurde im Labor künstlich mit dem Samen ihres Vaters befruchtet. Inzwischen gehören künstliche Befruchtung wie auch Gentests am ungeborenen Kind, die zuerst in Großbritannien erprobt wurden, zum medizinischen Alltag. Zentrum der Gentechnik im Königreich ist Schottland: 30 Prozent aller Unternehmensgründungen basieren auf Biotechnologie – mehr als doppelt so viel wie im restlichen Europa.

Das Kopf-an-Kopf-Rennen mit Deutschland um Patente und EU-Gelder wird deshalb meist zugunsten des Nordens entschieden: „Die Biotechnologie", erläutert Harry Griffin, „ist von der britischen Regierung zum herausragenden Förderziel erklärt worden. Aber wir wünschen uns noch mehr Firmen, die Forschungsergebnisse umsetzen und vermarkten." Schließlich sollen Gentechnik und Biomedizin die klassischen Industrien Stahl und Maschinenbau ablösen.

Vom Fenster seines Büros kann Griffin noch die Abraumhalde eines Kohlebergwerks sehen, die, längst grün überwuchert, mit der Landschaft verschmolzen ist. Ein labyrinthisches Geflecht von alten Stollen und Gruben verbirgt sich auch unter dem Institutsgelände. Die Flachbauten mit Büros und Laboren, eine Tierzuchteinheit mit Operationssaal und Sicherheitsschleuse, ein Futterwerk und mehrere Stallungen sind von Wiesen und Weiden gesäumt.

Eigentlich ist Roslin ein agrarwissenschaftliches Institut, entstanden aus mehreren Einrichtungen für Tierphysiologie und -zucht sowie Geflügelforschung. Doch den Strukturwandel in der Landwirtschaft haben die Schotten schon sehr früh vollzogen. „Diese Vorstellung vom bäuerlichen Handwerk wie in Deutschland gibt es bei uns schon lange nicht mehr", sagt Griffin, „Landwirtschaft ist Industrie."

Beim Klonen wird eine Eizelle entkernt, mit dem Erbgut einer anderen Zelle bestückt und in den Leib der Leihmutter zurückverpflanzt. 1997 geriet Dolly, das erste Klon-Schaf, ins Blitzlichtgewitter der Reporter

Die Wildheit der Highlands und die Romantik der rosenumrankten Cottages täuschen darüber hinweg, dass Schottland eines der ersten industrialisierten Länder der Welt war. Gerade weil das Land so wenig hergab und das Klima so rau ist, mussten die Menschen innovativ werden: Es waren Schotten, die den ersten Tiefpflug und die Dreschmaschine erfanden, die Mäh- und die Melkmaschine.

Nutztiere bekommen im Zeitalter der „Life Sciences" eine ganz neue Bedeutung: als Produktionsfaktor für die Arzneimittelindustrie. „Pharming" nennt man, wenn wie in Roslin Tieren ein menschliches Gen übertragen wird, um einen speziellen Wirkstoff zu produzieren. Seit 1990 geben dort Schafe Milch, die ein Enzym (Alpha-1-Antitryptin) enthält, mit dem sich Stoffwechselstörungen wie Mukoviszidose behandeln lassen. PPL Therapeutics plc, eine Firma auf dem Gelände des Instituts, hat die Lizenz für dieses Verfahren erworben und will das AAT-Medikament 2003 auf den Markt bringen.

PPL arbeitet zudem an der genetischen Veränderung von Schweinen, so dass sie Menschen Organe spenden könnten, ohne dass diese vom Immunsystem abgestoßen werden. 2001 gelang es zum ersten Mal, solche Schweine zu klonen. Um ein einziges transgenes Tier zu erzeugen, mussten früher bis zu 1000 Embryonen mit dem fremden Gen bestückt werden – 999mal ein Fehlschlag. Um ein transgenes Tier durch Klonen zu verdoppeln, reicht ein Fünftel der Embryonen. Das erste gentechnisch veränderte Tier wurde kurz nach Dolly geklont und Polly getauft. Das Roslin-Schaf und seine Nachkommen produzieren ein Protein, das für die Behandlung der Bluterkrankheit wichtig werden könnte.

Eine optimale Ausbeute an Wirkstoffen wäre zu erzielen, wenn die Forscher statt Wiederkäuern Geflügel als Lieferanten einsetzen könnten. Aber ausgerechnet beim schnell heranwachsenden Geflügel ist die gentechnische Manipulation besonders schwierig: „Hühnereier besitzen schon 40 000 Zellen", sagt Griffin. „Wir aber benötigen ein viel früheres Stadium der Zellteilung. Das ist nicht einfach!"

Immerhin gelang es der Roslin-Forscherin Helen Sang, die ersten transgenen Hühner zu erzeugen: Dazu injizierte sie fremdes Erbgut in den Eierstock. „Ein Schuss in den dunklen Wald", so Griffin, denn ob die künstlich hinzugefügten Erbinformationen an der richtigen Stelle des Eikerns eingebaut werden, ob danach ein lebensfähiges Huhn heranwächst, ist momentan noch reine Glückssache.

Vorläufig genügt die Wissenschaft vom Huhn in Roslin praktischen Zwecken: Die Mitarbeiter können sich jede Woche frische Eier mit nach Hause nehmen. Und wer dem technischen Fortschritt nicht traut, der pilgert zu der mittelalterlichen Rosslyn Chapel am anderen Ende des einstigen Bergarbeiterortes.

Die kleine gotische Kapelle mit den kunstvollen Sandsteinreliefs und allegorischen Skulpturen liegt am Rande einer wild überwucherten Schlucht. Der Morgentau hat glitzernde Perlen auf dem Glas des Schaukastens neben dem Eingang hinterlassen. Auf einer Tafel steht: „Dienstag, Mittwoch und Freitag 12 Uhr: Fürbitte um Heilung."

Petra Thorbrietz *arbeitet als Wissenschaftsautorin, Filmemacherin und Essayistin. Sie lebt in München und Budapest.*

Fotos: W.A. Ritchie, Murdo McLeod

BIOTECHNOLOGIE IN SCHOTTLAND

Mehr als 11 000 Schotten arbeiten in der Wissenschaft. Sie stellen international führende Forscherteams in den Bereichen Biotechnologie, Genetik, Zellbiologie und Bioinformatik. Jedes vierte Biotechnologie-Unternehmen im Königreich ist in Schottland angesiedelt, darunter so bedeutende wie Shield Diagnostics, Viragen oder Pantherix. Das Roslin-Institut will sein Gelände zu einem Wissenschaftspark für andere Firmen ausbauen. Zur wirtschaftlichen Vermarktung wurde dort bereits Pharmaceutical Proteins Ltd (PPL) gegründet, heute weltweit führend in der Erzeugung von Proteinen durch transgene Tiere. Roslin Bio-Med, ein zweiter Spin-off, später vom amerikanischen Unternehmen Geron übernommen, hat sich auf Gentransfer spezialisiert. Seit den Wirtschaftsreformen der Thatcher-Ära in den achtziger Jahren fördert die britische Regierung die Kommerzialisierung öffentlich finanzierter Forschung durch private Unternehmen.

ISBN 3-7742-6606-9*

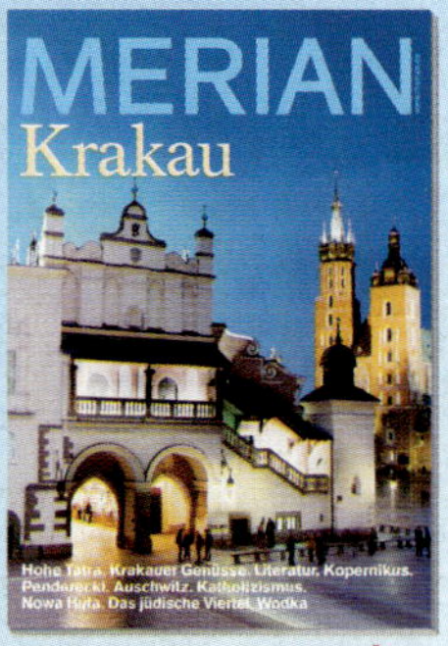

ISBN 3-7742-6605-0*

ISBN 3-7742-6604-2

ISBN 3-7742-6603-4*

ISBN 3-7742-6602-6*

ISBN 3-7742-6601-8

ISBN 3-7742-6512-7*

ISBN 3-7742-6511-9

ISBN 3-7742-6510-0

ISBN 3-7742-6509-7*

ISBN 3-7742-6508-9*

ISBN 3-7742-6507-0*

ISBN 3-7742-6506-2

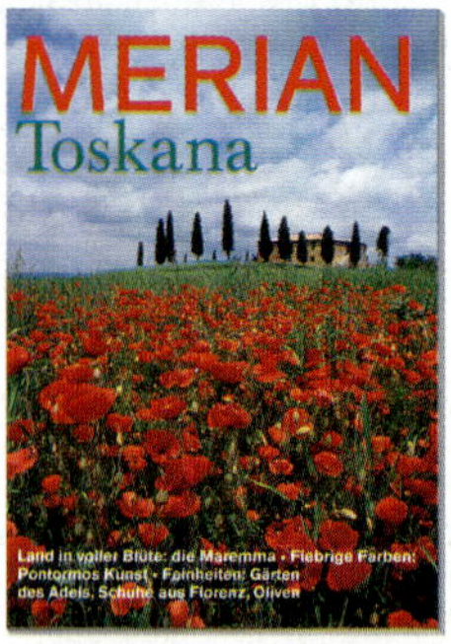

ISBN 3-7742-6505-4*

ISBN 3-7742-6504-6

ISBN 3-7742-6503-8*

ISBN 3-7742-6502-X

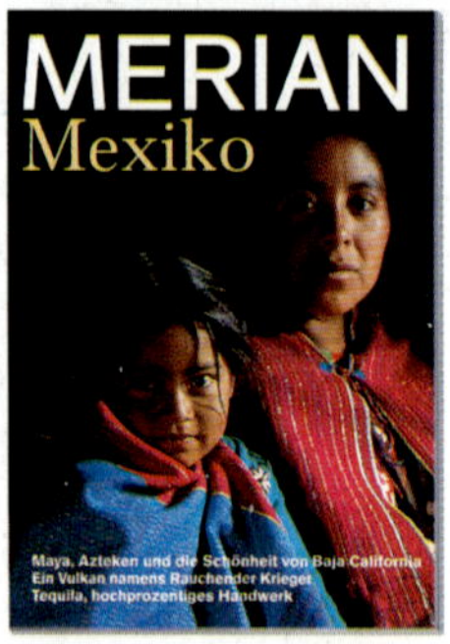

ISBN 3-7742-6501-1*

ISBN 3-7742-9912-9*

ISBN 3-7742-9911-0

ISBN 3-7742-9910-2*

ISBN 3-7742-9909-9

ISBN 3-7742-9908-0*

ISBN 3-7742-9907-2*

ISBN 3-7742-9906-4

***Mit MERIAN Extra: Stadtplan zum Herausnehmen für die Tasche**

www.merian.de: Tausende von Reisezielen, Eventkalender, Reportagen, Tipps und Empfehlungen

„Top für Traveller: die neue MERIAN-Site“
Tomorrow, Ausgabe 09/2001
„Mit einem so gut gepackten Koffer macht das Reisen Spaß“
Kress Report, Nr. 10/2001
„... eingängig gestaltete Navigationsleisten und übersichtliche Rubrizierung ...“
www.webtip.de, 03.04/2001
Online geht die Reise los.
www.merian.de
Entdecken Sie mit www.merian.de ein völlig neues Reise-Erlebnis. Fremde Kulturen kennen lernen, Landschaften, Städte und Länder besuchen – alles per Klick und von zu Hause. Hotel-Tipps, Restaurant-Empfehlungen, Touren, Sehenswertes und vieles mehr über ein und dasselbe Portal: www.merian.de. Oder Sie laden sich für unterwegs unsere elektronischen Reiseführer auf Ihren Handheld oder als Hörbuch in Ihr MP3-Handy. Im MERIAN Shop können Sie die ganze Welt von MERIAN bestellen.
www.merian.de – Online geht die Reise los.
MERIAN
Die Lust am Reisen

Trotternish auf der Isle of Skye: eines der schönsten Wanderreviere der Hebriden

Texte: Tom Bruce-Gardyne, Thomas Gebhardt

Hart am Wind

Wie Wellenbrecher liegen die Inneren ur
gehören dazu: wildromantisch und schö

ußeren Hebriden vor der schottischen Westküste. Mehr als 500 Inseln
napp 80 dieser Außenposten im Atlantik sind bewohnt

Bedrohlich und anziehend: die Black Cuillin Hills auf Skye

Garten im Meer

Manche sehen in der Isle of Skye einen Minikontinent, andere behaupten, Skye habe als Insel aufgehört zu existieren, seit sie mit dem Festland durch eine Brücke verbunden ist. „Sküyo", „Wolkeninsel", hieß die Hebridenschönheit schon zu Wikingerzeiten. Häufige Wetterwechsel gehören zu ihren Reizen. So kann es passieren, dass die mächtigen Black and Red Cuillin Hills wolkenverhangen sind, während die Trotternish Peninsula mit ihren Basaltklippen und Heidelandschaften im Sonnenschein liegt und über Dunvegan Castle, Stammsitz des MacLeod-Clans, ein Gewitter niedergeht. Minuten später ist der Himmel hier wieder klar und an anderer Stelle bezogen. Durchweg mediterran präsentiert sich allerdings der äußerste Süden: auf der Halbinsel Sleat, „Garten von Skye" genannt, wachsen selbst Palmen unter freiem Himmel **B/C 4/5**

Über Nacht

Eilean Iarmain
Sleat Isle Ornsay, Telefon (01471) 833332, Fax 833275, www.eileaniarmain.co.uk, DZ 120 £ Viktorianisches Hotel auf der Halbinsel Sleat: mit Meerblick, prämiertem Restaurant und hauseigenem Whisky

The Three Chimneys
Colbost, Dunvegan, Tel. (01470) 511258, Fax 511358, www.threechimneys.co.uk, DZ 160 £ Hotel mit freundlichem Empfang und Atmosphäre; ausgezeichnete Meeresküche und erlesene Weine im Restaurant

Museum

Skye Museum of Island Life
Kilmuir, Mo-Sa 9.30-17.30 Uhr, nachmittags Führungen Musemsdorf mit Haus eines Webers, einer Schmiede und einer Fotoausstellung zum Inselleben im späten 19. und frühen 20. Jh.

Sehenwert

Dunvegan Castle
am Loch Dunvegan, März-Okt. tgl. 10-17, Nov.-Feb. tgl. 11-16 Uhr Aus dem 13. Jh., aber im viktorianischen Stil erweiterte mächtige Felsenburg über dem Meer, zudem eine der ältesten bewohnten Festungen Britanniens

Unternehmungen

Wanderungen bieten sich in den Cuillin Hills, auf der Halbinsel Trotternish und im Höhenzug The Storr an. Trittsicherheit ist nötig, andernfalls sollten Besucher nur in Begleitung ortskundiger Führer gehen, Tel. (01471) 844239. Angelscheine geben alle größeren Hotels aus, Reitausflüge und Ponyreiten veranstaltet das Uig Hotel im gleichnamigen Ort, Telefon (01470) 542205. Golfen im Ort Sconser

Die Talisker Whisky Distillery nahe Colbost am Loch Harport bietet nach Voranmeldung Führungen und Verkostung, Telefon (01478) 640314, Apr.-Okt. Mo-Fr 9-16.30. Das Skye Heritage Centre in der Hauptstadt Portree (Apr.-Okt. tgl. 9-18 Uhr) lädt ein zur spannend-informativen audiovisuellen Tour durch die Inselgeschichte aus der Sicht der Fischer und Bauern. Nicht nur bei Regen ein lohnender Besuch

Fotos: Heinz Wohner, Klaus Bossemeyer

Hochprozentiges Paradies

Wer Islay zum ersten Mal besucht, könnte glauben, versehentlich in Irland gelandet zu sein: fette Wiesen, unberührte Torfmoore, moosbewachsene Mauern und Straßenschilder, die den Weg in Dörfer mit so klingenden Namen wie Bunnahabhainn oder Bruichladdich weisen. Und wirklich liegt die Insel – mit etwas Fantasie gleicht sie aus der Vogelperspektive einer überdimensionierten Teekanne – nur 40 Kilometer von Irland entfernt. Islay, die südlichste Hebriden-Insel, ist berühmt für ihre weiten Sandbuchten, wilden Klippen, zahlreichen Lochs mit reichem Lachsbestand und für die Bowmore Church, eine schlichte Rundkirche aus dem 18. Jahrhundert. Glaubt man den Einheimischen, sollen die Rundmauern den Teufel daran hindern, sich in einer Ecke niederzulassen. Sechs Whisky-Brennereien, darunter Lagavulin, Bowmore und Laphroaig, haben unter Liebhabern des Malt einen guten Namen. Golfer hingegen rühmen den Machrie Golf Course **A/B 7**

Im Sea View Inn in Bowmore, Isle of Islay, wird Whisky aus den sechs Insel-Brennereien ausgeschenkt

Fähren

Apr.- Okt. jeweils 2-3 Fährverbindungen tgl. von Kennacraig nach Port Ellen (im Inselsüden) oder nach Port Askaig (im Norden); die Hin- und Rückfahrt mit 5 Tagen Gültigkeit 11.95 £ pro Person und 64 £ pro Kfz

Über Nacht

Lochside Hotel
Shore Street, Bowmore
Tel. (014 96) 81 02 44, Fax (014 96) 81 03 90, www.lochside-hotel.co.uk, DZ 55 £ Hotel mit acht Zimmern und schöner Aussicht auf Loch Indaal. Die Hotelbar wartet mit 400 verschiedenen Sorten Malt Whisky auf

Unternehmungen

Islay Marine, Telefon (014 96) 85 04 36, arrangiert Bootsausflüge zum Hochseeangeln, zur Basaltinsel Staffa vor der Westküste von Mull, die Felix Mendelssohn-Bartholdy mit seiner Ouvertüre „Fingalshöhle" musikalisch verewigte, sowie ornithologische Wanderungen auf Islay. Gute Badestellen sind Laggan Bay, Machir Bay und Saligo Bay – alle an der Westküste. Lohnend ist auch der Besuch einer oder mehrerer der sechs Malt Whisky-Brennereien, Infos: Tourist Office in Bowmore, Telefon (014 96) 81 02 54, Fax 81 03 63

Miniaturen ganz groß

Die Small Isles zwischen Mull und Skye liegen abseits der Ameisenpfade des Tourismus. Es sind Inseln, die meist nur aus der Ferne wahrgenommen werden. Auf Muck, der kleinsten, leben nur 24 Menschen. Das Eiland ist flach und weithin baumlos. Anders Eigg: ein 400 Meter hohes Felsmassiv, dessen Hauptattraktion die steil aufragende Klippe An Sgurr aus Pech- und Lavagestein ist. Eigg schrieb 1997 Geschichte, als nach häufig wechselnden Besitzern der letzte Eigentümer die Insel an ihre 70 Bewohner verkaufte. Die Insel Rum ist von der UNESCO als Biosphärenreservat ausgewiesen und wird vom Scottish National Heritage verwaltet: Rotwild und Seeadler sind auf der bergigen Insel keine Seltenheit **B 5**

Cleadale ist die größte Siedlung auf der Isle of Eigg, deren Bewohner in *crofters,* Pächterhäusern, wohnen

Fähren

In Mallaig starten die Fähren zu den „small isles“, steuern jede Insel 3-4 mal pro Woche an. Hin- und Rückfahrt mit 5 Tagen Gültigkeit 8.30 £ nach Eigg, 12.85 £ nach Muck und 12.35 £ nach Rum

Über Nacht

Port Mor House
Tel. (016 87) 46 23 65, DZ 70 £ Auf Muck vermietet Jenny MacEwen, deren Familie die Insel bis 1896 gehörte, Zimmer mit voller Verpflegung, und gibt – sofern im Haus alles belegt ist – Auskünfte, wo gerade ein Cottage für Selbstversorger zu vermieten ist. Saisonal bedingt kann man hier und da das Zelt aufschlagen, sofern die Landbesitzer einwilligen

Kildonan House
Tel. (016 87) 48 24 46, DZ 68 £ Die beste Möglichkeit auf Eigg zu übernachten: in einem schönen holzverkleideten Haus des 18. Jhs. mit liebevoll eingerichteten Zimmern und hervorragender Küche

Kinloch Castle
Tel. (016 87) 46 20 37, DZ 12-60 £ pro Person Bis Anfang der neunziger Jahre Luxushotel in einem Jagdschloss aus dem späten 19. Jh., jetzt Independent Hostel mit Unterbringung in früheren Dienerzimmern. Wer einiges drauflegt, kann auch in einem der vier verbliebenen Hotelzimmer schlafen. Rechtzeitig reservieren

Fotos: Roger Hutchings

Tweed ist das Markenzeichen von Harris und Lewis

Solisten im Duett

Lewis und Harris, der Neuen Welt am nächsten gelegen, bilden die größte Insel der Äußeren Hebriden und gelten in ganz Britannien als Synonym für Weltferne. Von London ist der wind- und wellengepeitschte Außenposten Schottlands so weit entfernt wie Turin. Trotz mancher Unterschiede haben beide Inselhälften vieles gemeinsam: Die Bewohner sind überwiegend zweisprachig (gälisch und englisch), es wird Torf gestochen, und Harris-Tweed wird auch auf Lewis gewebt. Die Callanish Standing Stones (3000-1500 v. Chr.) liegen jedoch eindeutig auf Lewis **B/C 2/3**

Fähren

Tgl. außer So verkehrt eine Fähre vom Hafenort Uig (Isle of Skye) nach Tarbert. Hin- und Rückfahrt mit 5 Tagen Gültigkeit 14.55 £ pro Person und 69£ pro Kfz

Über Nacht

Ardvourlie Castle
Harris, am Loch Seaforth, Tel. (018 59) 50 23 07, Fax 50 23 48, DZ 190 £ Viktorianisches Jagdschlösschen in spektakulärer Lage 15 Kilometer nördlich von Tarbert. Vier Zimmer. Reservieren

Scarista House
Harris, Westküste, Tel. (018 59) 55 02 38, Fax 55 02 77, E-Mail: ian@scaristahouse.demon.co.uk, www.scaristahouse.com, DZ 125 £ Nobelhotel mit eigenem breitem Sandstrand am Atlantik knapp 20 Kilometer südwestlich von Tarbert. Das Hotelrestaurant gehört mit ausgesuchter Fischküche zu den besten der Hebriden. Reservieren

Royal Hotel
Lewis, Cromwell Street, Stornoway, Tel. (018 51) 70 21 09, DZ 40 £ Bestes Haus der Inselhauptstadt, dennoch eine schlichte Bleibe

Galson Farm Guest House
Lewis, Gabhsann Bho Dheas (South Galson), Telefon (018 51) 85 04 92, DZ 85 £ Farmhaus aus dem 18. Jh. im äußersten Norden der Insel, auf halbem Weg zwischen Port Ness und Barabhas. Einfache Zimmer, gutes Breakfast und freundliche Vermieter

Unternehmungen

Neben schönen Stränden bietet die Insel gute Forellenreviere in vielen Seen (Angelscheine in den genannten Hotels, außer Galson Farm Guest House). Mike Briggs, Tel. (018 59) 50 23 76, organisiert Wanderungen. Das Charterunternehmen Boat Trips, Telefon (01851) 87 05 37, bietet Schiffsausflüge entlang der Küste und zu den Shiant Islands. Golfer finden in Scarista einen 9-Loch Golf-Course. Die Standing Stones von Callanish sind ein Muss jeden Inselbesuchs, sehenswert ist auch das „Seallam Heritage Centre", das Heimatmuseum von Harris – gestriges Inselleben und Gälisch stehen im Mittelpunkt. Wer sich für Harris-Tweed interessiert, sollte die Weberei Kenneth MacLeod in Shawbost auf Lewis besuchen, Tel. (018 51) 71 02 51

Fotos: Markus Dlouhy, Heinz Wohner

Kraft der Elemente

Die Isle of Mull ist Entdeckerland: Zwar wird die zweitgrößte Insel der Inneren Hebriden nur durch einen schmalen Meeresarm vom Festland getrennt, so dass bei stündlichem Fährverkehr für ausreichend Publikum gesorgt ist, andererseits bietet Mull zahlreiche einsame Plätze – trotz der halben Million Touristen, die jeden Sommer über die Insel hereinbrechen. Wer nicht der 500 Kilometer langen Küstenlinie mit ihren Fjorden, Klippen und Stränden den Vorzug gibt, entdeckt im Inselinneren Täler mit feinen Wanderwegen, Wälder, die nicht Forst sind, sondern Wald, sowie eine Bergwelt bis zu 967 Meter Höhe. Das Hafenstädtchen Tobermory präsentiert bunte Häuser und eine Whisky-Destillerie; Duart Castle lässt noch als Ruine seine einstige Größe erahnen, und das Mull Theatre ist trotz passablem Spielplan eine der kleinsten Bühnen der Welt. Im April, zum Folk Music Festival, reisen gälische Chöre und Barden mit Fidel und Dudelsack an **B/C /6**

Tobermory, Hauptstadt der Isle of Mull, gibt sich farbenfroh, während Duart Castle eine düstere Ruine ist

Fähren

Bis zu 10 Fähren von Oban nach Craignure tgl., Hin- und Rückfahrt mit 5 Tagen Gültigkeit 6.10 £ pro Person und 42 £ pro Kfz

Über Nacht

Ardrioch Farm
Dervaig, Tel. und Fax (016 88) 40 02 64, DZ 80 £ Familiäres B&B mit gemütlicher Lounge und opulentem Frühstück. Der Hausherr bietet Bootsausflüge nach Staffa

Calgary Farmhouse Hotel
an der B 8073, nahe Dervaig, Tel. u. Fax (016 88) 40 02 56, DZ 110 £ Rustikales, heimeliges Landhotel unweit Calgary Beach mit ausgezeichnetem Restaurant, auf der Karte Krustentiere, Lamm, Kalb und Wildlachs

Cottages Treshnish Point
Treshnish und Haun, nahe Calgary, Tel. u. Fax (016 88) 40 02 49, www.treshnish.co.uk, pro Woche 160-235 £ für zwei Personen Hebridentypische uralte Black Houses aus Torfziegeln und Grasdächern, aber ansonsten verbessertem Komfort – idyllisch und abgelegen

Unternehmungen

Geführte Tauchgänge in Gewässern mit vielen Schiffswracks: Seafare, Tel. (016 88) 302 27 70

Weit im Atlantik liegt die 200 Kilometer lange Inselkette der Äußeren Hebriden. Überfahrten dauern: Umsteigen ist nötig; Fähren fahren meist nur einmal täglich. Die Mühen werden belohnt: Kontrastreiche, wilde Küsten und tausende von Seen prägen die rauen Western Isles, wie die Äußeren Hebriden auch genannt werden. Abenteuerlust ist hier gefragt – arrangierte Touren gibt es außer auf der Isle of Lewis kaum. Benbecula und South Uist sind mit Dämmen verbunden, zu den südlichen Gestaden Eriskay und Barra gehen Fähren ab. Stornoway auf Lewis, Hauptstadt der Äußeren Hebriden, ist kommerzielles Zentrum der Inselgruppe. Von Oban, Ullapool, Mallaig und Uig (Isle of Skye) steuern Autofähren fünf Häfen auf den Western Isles an. Die Durchschnittstemperaturen liegen im Juli hier bei 13,2° C, Höchsttemperaturen um 25° C. Auf den Inneren Hebriden, an die schottische Westküste geschmiegt, wird es etwas wärmer. Skye, Mull, Islay oder Jura, die größeren unter den küstennahen Eilanden, ähneln den Landschaften auf dem Festland und sind problemlos zu erreichen.

CANNA

Mit ihren 7,5 mal 1,5 Kilometer Größe ist die Isle of Canna die drittgrößte der *small isles* zwischen Skye und Mull. 20 Einwohner leben hier und unterhalten die beste Marina der Inneren Hebriden. Hauptbeschäftigung der wenigen Touristen sind Wanderungen zu den Vogelrevieren und – je nach Gezeitenstand – zur kleinen Insel Sanday. Übernachtung nur im einfachen B & B von Wendy MacKinnon, Telefon (01687) 462465. Wildes Zelten auf Anfrage bei den Farmern möglich **B 5**

COLL

Arinagour ist das einzige wirkliche Dorf der bergigen Isle of Coll nordwestlich von Mull mit 175 Bewohnern. Besonderheiten sind eine Benzinpumpe, die von den Einheimischen auf freiwilliger Basis betrieben wird und ein Tower House aus dem 15. Jh. Guter Überblick vom Ben Hogh, obgleich die Erhebung kaum 100 Meter Höhe misst **B 5**

IONA

Als der irische Mönch Columban im Jahr 563 auf der kleinen Insel Iona vor der Südwestspitze der Isle of Mull landete, trat das Eiland in die Geschichte ein: Columban gründete eine Missionsstation, brachte das Christentum nach Schottland und machte Iona in ganz Europa berühmt. Seither ist die Insel Pilgerort: In der Iona Abbey aus dem 13. Jh., die heute von der ökumenischen Gemeinschaft Iona Community geführt wird, liegen mehrere schottische Könige begraben sowie die Stammesführer einiger Clans. Das nahe Nonnenkloster existiert nur noch als Ruine **B 6**

FÄHREN

Von Fionnphort auf Mull nach Iona alle halbe Stunde; Überfahrt 5 Minuten. Hin- und Rückfahrt 3.30 £; nur Personenverkehr

ÜBER NACHT

ARGYLL HOTEL
Argyll, Tel. (01681) 700334, Fax 700510, DZ 63£ Gemütliches Dorfgasthaus, 16 Zimmer, Meerblick und gute Kost. Frühstück und Dinner im Preis enthalten

UNTERNEHMUNGEN

Hochseeangeln bietet Mark Jardine an, Tel. (01681) 700537, Schiffsfahrten zur Nachbarinsel Staffa mit der Höhle Fingal's Cave die Charterfirma Gordon Grant Marine, Telefon (01681) 700338. Fahrradverleih bei Finlay Ross, Tel. (01681) 700357

JURA

Die Isle of Jura liegt in unmittelbarer Nachbarschaft zur Insel Islay. Jura hat nur eine Straße, nur 200 Einwohner und ist die bergigste und wildeste Insel der Inneren Hebriden. Auf Jura lebt eine Population von etwa 5000 Rothirschen, die Tierfreunde aus ganz Europa auf die Insel locken. Weitere Attraktionen sind die bis zu 785 Meter hohen Berggipfel Paps of Jura, „die Busen von Jura" und eine Whiskybrennerei. Die Anziehungskraft des kargen, mitunter unwirtlichen Eilands liegt aber in seiner Abgeschiedenheit **B 7**

FÄHREN

Fährschiffe von Port Askaig auf Islay zur Isle of Jura alle 10 Minuten: Hin- und Rückfahrt 1.80 £ pro Person, 12.40 £ für Fahrer und Kfz. Keine Direktverbindungen von Jura aufs Festland

ÜBER NACHT

JURA HOTEL
Craighouse, Tel. (01496) 820243, Fax 820249, E-Mail: jurahotel@aol.com, DZ 90 £ Einziges Hotel der Insel mit gemütlichen Zimmern und einer Küche, in der vorwiegend lokale Produkte verarbeitet werden

UNTERNEHMUNGEN

Vom Jura Hotel organisierte Ausflüge zur Inselerkundung, zudem Angelruten-Verleih – zahlreiche Forellen in den Seen. Wanderung zu den weiten Sandstränden von Corran Beach

RAASAY

Glaubt man den 170 Bewohnern der Isle of Raasay, so existiert die ungleich größere Insel Skye nur, um Raasay vor dem Westwind zu schützen. Aber auch aus anderem Grund erweist sich die langgestreckte Insel als friedliches Idyll – im späten Frühjahr, wenn die Rhododendren Raasay in ein Blütenmeer verwandeln oder im Hochsommer, wenn die Touristen nach Skye drängen: auf Raasay kann man für sich und ungestört sein **C 4**

FÄHREN

Im Sommer stündliche Verbindungen vom Hafen Sconser auf der Isle of Skye; die Überfahrt dauert 15 Minuten. Hin- und Rückfahrt mit 5 Tagen Gültigkeit 4.05 £ pro Person, 16.75 £ je Kfz. Kein Fährdienst an Sonntagen. Achtung: Auf Raasay gibt es keine Tankstellen

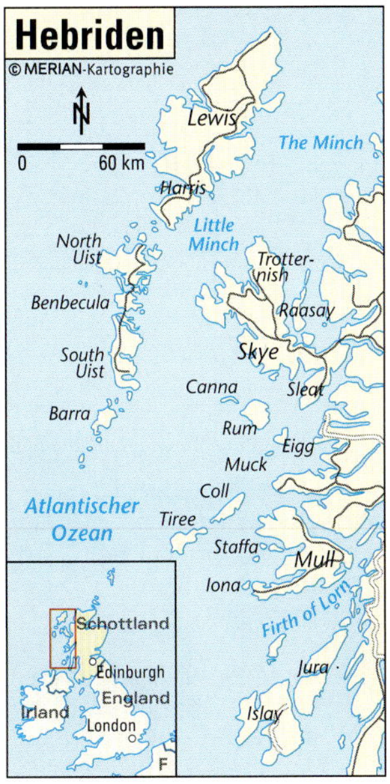

ÜBER NACHT

RAASAY HOUSE
Westküste der Insel, Tel. (014 78) 66 02 66, E-Mail: info@raasayoutdoorcentre.co.uk, DZ 70£ Ehemaliges Herrenhaus des Laird of Raasay mit komfortablen Zimmern und einem gutem Restaurant. Vollpension im Preis inbegriffen

ISLE OF RAASAY HOTEL
Westküste der Insel, Telefon und Fax (014 78) 66 02 22, Doppelzimmer 50£ Blick auf die Cuillin Hills von Skye; einfach, dafür freundliche Wirtsleute und ordentliche Zimmer. Rabatt für Gäste, die länger bleiben

UNTERNEHMUNGEN

Raasay eignet sich bestens für Wanderer und Radfahrer Räder-, Kajak-, Jollen- und Surfbrettverleih im Raasay House, das auch Segeltörns, Klettertouren und Picknicks an den Ruinen von Brochel Castle veranstaltet. Im Herbst sind die Wälder der Insel reich an Pilzen

TIREE

Inselschönheit vor der Westküste von Mull mit weiten Sandstränden – vor allem der drei Kilometer langen Gott Bay –, Wander- und Radwegen sowie reicher Flora und Fauna. Mai und Juni werden hier die meisten Sonnenstunden Schottlands gemessen. Mit etwas Glück kann man auf der Überfahrt von Tobermory nach Mull Delphine sehen; Robben auf jeden Fall. Begrenzte Übernachtungsmöglichkeiten in Selbstverpfleger-Cottages oder wildes Campen **A 5/6**

BARRA

Die südlichste Insel der Äußeren Hebriden ist ein Schmuckstück – gepflegte Häuser und Gärten, Sandstrände, freundliche Gesichter. Zur Inselburg Kisimul Castle aus dem 11. Jh. fahren Boote, ebenso zu den umliegenden Gestaden **A 4/5**

FÄHREN

Von Lochboisdale auf South Uist nach Eoligarry auf Barra zweimal tgl. in der Hauptsaison; Hin- und Rückfahrt 6.50 £ pro Person, 14.70 £ je Kfz

Weit und einsam: die Strände der Westküste von Harris
Foto: Axel M. Mosler

Land großer Weite: Ob in den Highlands, Lowlands oder auf den Orkney Islands – Schottland ist Natur pur und Balsam für gestresste Großstädter. B & B's in Burgmauern, Restaurants mit regionalen Köstlichkeiten und viel Historie liegen am Weg

LANDESDATEN UND GESCHICHTE

Fläche: *77 080 km², fast doppelt so groß wie die Schweiz*
Einwohner: *5,2 Mio., ca. 10 % der Gesamtbevölkerung im Vereinigten Königreich. Mit etwa 66 Ew./km² ist Schottland dünn besiedelt. Im Hochland leben nur ca. 8 Ew./km²*
Hauptstadt: *Edinburgh (etwa 453 000 Ew.)*
Größte Erhebung: *Ben Nevis (1343 m) in den westlichen Grampian Mountains, höchster Berg Großbritanniens*
Wirtschaft: *Wolle, Stoffe, Fisch-, Schaf- und Rinderzucht, Whisky, Finanzdienstleistungen, Ölindustrie, Elektronik, Tourismus*

8000-6000 v.Chr. *Früheste Spuren einer Besiedlung*
300 v.Chr. *Einwanderung keltischer Stämme*
82 *Römische Legionen erobern Südschottland. Später ziehen sie sich zurück und errichten den Hadrian's Wall*
um 400 *Ausbreitung des Christentums, Zuwanderung irischer Mönche*
843 *Pikten, Skoten, Britonen und Angelsachsen werden unter Skotenkönig Kenneth McAlpine zum „Kingdom of Scotia" vereint; das keltische Scone wird Hauptstadt*
ab 11. Jh. *Zunehmende Anglisierung Schottlands, Englisch wird Hof- und Unterrichtssprache. Die Kluft zwischen dem clanregierten, gälischsprachigen Hochland und dem feudalistisch orientierten Süden vrgrößert sich*
1124-53 *Unter David I. entstehen die Abteien des Grenzlandes*
1296 *König Edward I. marschiert in Schottland ein und raubt den Krönungsstein „Stone of Scone"*
1297 *Revolutionsführer William Wallace führt die Schotten gegen die Engländer. Sieg bei Stirling*
1306 *Robert the Bruce wird König von Schottland*
1314 *Vernichtende Niederlage der Engländer bei Bannockburn*
1371 *Beginn der Stuart-Dynastie*
1488-1513 *König James IV. kann die Monarchie wieder stärken*
15. Jh. *Gründung der Universitäten von Aberdeen, Glasgow u.a.*
1513 *Schlacht von Flodden Field. Schottland kämpft in der Auld Alliance mit Frankreich gegen spanische, englische und päpstliche Armeen und erleidet die blutigste Niederlage seiner Geschichte*
1542-67 *Regentschaft der katholischen Maria Stuart („Mary Queen of Scots"). Dauerfehde mit protestantischen Reformern unter Führung von John Knox, Unterstützung im katholischen Hochland*
1587 *Maria Stuart wird exekutiert*
1603 *Union of the Crowns. James VI. von Schottland ist als James I. auch König von England*
1658 *Eröffnung der Postkutschenlinie Edinburgh-London*
1692 *Massaker von Glencoe: Die Bewohner verweigern William von Oranien den Gehorsam*
1707 *Act of Union–Vereinigung mit dem englischen Parlament*
1730-90 *Entstehung der New Town von Edinburgh*
1745-46 *Letzter Jakobiteraufstand. Charles Stewart wird bei Culloden besiegt, der Niedergang traditioneller Clanstrukturen ist besiegelt*
ab 1750 *Beginn der Industrialisierung, Schafzucht, Textilindustrie, Eisenbahn- u. Kanalbau; Verelendung in den Ballungszentren*
1800-1850 *Highland Clearances. Die Zerschlagung der Clanherrschaft führt zur gewaltsamen Entvölkerung ganzer Landstriche*
1822 *König George IV. erscheint im Royal Stewart Tartan in Edinburgh, einem der kulturellen Zentren Europas dieser Zeit*
1842 *Queen Victoria wählt Schloss Balmoral zum Ferienort. Beginn der Romantisierung der Highlands*
1928 *Gründung der Scottish National Party (SNP). Die wirtschaftliche Depression beutelt das Land*
1943 *Deutsche Luftangriffe fordern mehr als 1000 Todesopfer in und um Glasgow*
1945 *Erster schottischer Nationalist im Londoner Parlament*
70er Jahre *Förderung großer Ölvorkommen in der Nordsee*
1979 *Das erste Referendum für ein schottisches Parlament scheitert*
1996 *London gibt Schottland den „Stone of Scone" zurück*
1997 *Referendum für schottisches Parlament und Teilautonomie*
1999 *Parlamentswahlen. Labour bildet mit den Liberalen eine Koalitionsregierung. Von den sieben im Parlament vertretenen Parteien strebt nur die SNP die völlige Souveränität Schottlands an*

AUSKUNFT

Deutschland
BRITISH TOURIST AUTHORITY (Urlaubsservice Großbritannien) Westendstr. 16-22, 60325 Frankfurt am Main, Telefon 01801-4686 42 (Ortstarif), Fax (069) 97 11 24 44 Telefonische Beratung Mo-Do 10 bis 12, 14-16, Fr - 15 Uhr, Öffnungszeiten für Besucher Mo-Do 9-16.45, Fr bis 15.30 Uhr, www.visitbritain. com/de

Österreich
Britain Visitor Centre, c/o The British Council, Schenkenstr. 4, 1010 Wien, Tel. (01) 533 26 16 81, Fax 533 26 16 85, E-Mail: tourist.information@british council.at Beratungszeiten (persönlich und telefonisch) Mo-Fr 11-13 Uhr, Öffnungszeiten des Selbstbedienungsschalters Mo 11-18, Di-Do 11-17, Fr 11-13 Uhr

Schweiz
British Tourist Authority, Limmatquai 78, 8001 Zürich, Telefon (01) 266 21 66, Fax 266 21 61, E-Mail: ch-info@bta.org.uk, telefonische Beratung Mo-Fr 10-12, 14-16 Uhr, Öffnungszeiten für Besucher Mo-Fr 10-16 Uhr

In Schottland
Scottish Tourist Board, 23 Ravelston Terrace, Edinburgh EH4 3TP (nur schriftliche Anfragen). Praktische Tipps beim Informationsdienst unter Tel. (131) 332 24 33, Fax (131) 315 45 45, E-Mail info@stb.gov.uk, www.visitscotland.com/os In 150 Orten gibt es Tourist Information Centres (TIC), die wochentags von 9-17 Uhr geöffnet sind. Für Detailinfos

Stand: Juni 2001. Zur raschen Orientierung wird auf die Planquadrate der großen MERIAN-Karte hingewiesen

lchurn Castle am Loch Awe aus dem 15. Jh. ist den Elementen preisgegeben,
it es nach einem Blitzeinschlag um 1760 aufgegeben wurde

zu einzelnen Orten direkt zu den regionalen Tourist Boards Kontakt aufnehmen (➤ s. „Schottland im Internet", S. 136)

KONSULATE

DEUTSCHES GENERALKONSULAT
16 Eglinton Crescent, Edinburgh EH12 5DG, Telefon (01 31) 337 23 23, E-Mail: german.consulate@ukgateway.net

SCHWEIZER GENERALKONSULAT
Portland Tower, 6th Floor, Portland Str., Manchester M1 3LD, Tel. (01 61) 236 29 33, Fax 236 46 89, E-Mail: swis@cgmanchester.freeserve.co.uk

ÖSTERREICHISCHES HONORARKONSULAT
Miller House, 18 South Groathhill Avenue, Edinburgh EH4 2LW, Tel. (0131) 332 25 85

NOTFALL

Polizei, Ambulanz, Feuerwehr, Küstenwache, Bergrettung, Tel. 999 (gebührenfrei)
Polizei Edinburgh, Telefon (0131) 311 31 41
Pannenhilfe der Automobil Association (AA), Tel. 08 00-88 77 66

ANREISE

Anreise mit dem Flugzeug Ab Frankfurt täglich nonstop nach Edinburgh und Glasgow. Umsteigeverbindungen über Amsterdam, Brüssel oder englische Flughäfen mit British Airways, British Midland, Lufthansa, KLM, Sabena und Ryanair. Von London tägliche Shuttles nach Edinburgh, Glasgow und Aberdeen.
Mit dem Auto Schnellste Verbindung durch den Eurotunnel (Fahrzeit 35 Min.) zwischen Calais/Coquelles (A 16) und Folkestone (M 20). In Hauptverkehrszeiten fahren bis zu vier Züge pro Stunde. Informationen und Buchung: Telefon 0180 500 02 48, www.euro tunnel.co.uk
Mit der Fähre Fährverbindungen mit P&O Sea Ferries von Zeebrügge und Rotterdam nach Hull (11. Std.), mit Stena Line von Hoek van Holland nach Harwich (3 Std. 40 Min.) oder mit DFDS Seaways von Hamburg nach Harwich (19 Std.) bzw. von Amsterdam(Ijmuiden) nach Newcastle (16 Std.) zwei Autostunden von Edinburgh entfernt.

REISEINFORMATIONEN

Auto An den Linksverkehr gewöhnt man sich schnell. Die Ausschilderung ist unkompliziert. Rigide Geschwindigkeitsbeschränkungen (113 km/h auf Autobahnen)
Bus Dichtes Streckennetz. Smartcards und Mehrtagespässe über Scottish Citylink, die größte Busgesellschaft. Informationen unter www.ci tylink.co. uk. In den Highlands und auf den Inseln verkehren nur kleine Regionalbusgesellschaften – Fahrpläne über die örtlichen TIC. Fahrplanauskünfte der roten Postbusse der Royal Mail im Communication Department unter Telefon (0131) 228 74 07, Fax 228 71 39
Bahn Bahntickets vor der Reise bei Rail Europe, Tel. 01 80-572 45 38, www.raileurope.de. Über Sonderkonditionen wie „BritRail Flexi Pass" (nur vor der Abreise erhältlich) und „Freedom of Scotland Travel Pass" informiert Britain Direct, Telefon (062 22) 67 80 50, E-Mail: britain.direct @t-online.de, www.britaindirect.com
Fähren Gutes Netz auch für den Fahrzeugverkehr. Caledonian Mac Brayne („CaMac") unterhält den Verkehr an der Westküste. Informationen und Reservierungen unter Tel. (087 05) 65 00 00, E-Mail: reservations @calmac.co.uk, www.calmac.co.uk. Orkney Ferries läuft die Orkney-Inseln an. P&O Scottish Ferries fahren von Aberdeen nach Lerwick und Stromness auf den Shetland-Inseln; Generalagent in Deutschland ist Reinecke&Co., Tel. (04532) 65 19, www. poscottishferries. co.uk
Geld Das britische Pfund Sterling (£) ist keine Euro-Währung, der Kurs daher schwankend. 1 £ kostet zur Zeit 3,30 DM. Schottland gibt eigene Banknoten heraus. Stückelung der Münzen: 1, 2, 5, 10, 20 und 50 Pence (p). Die gängigen Kreditkarten werden von Mietwagenfirmen, in Restaurants, bei Fährbuchungen etc. akzeptiert; in Bed & Breakfast-Unterkünften Barzahlung. Geldautomaten zum Abheben mit EC-Karte und Pin-Code in größeren Orten. Euroschecks verlieren an Akzeptanz. Traveller Cheques in £ ausstellen lassen.
Zeit MEZ minus eine Stunde
Öffnungszeiten Mo-Sa von 9-17.30 oder 18 Uhr, in Städten und Einkaufszentren wöchentlich „late night shopping" bis 20 Uhr (oft donnerstags)

KLIMA

Wechselhaftes Wetter. Selten wärmer als 21° C. Mai und Juni sind beständiger als Juli und August. Im Westen regnet es häufiger als im Osten, allerdings bleibt es nie lange nass. An den Küsten zieht häufig vom Meer her Sommernebel auf.

GESUNDHEIT

EU-Bürger können den National Health Service (NHS) kostenlos in Anspruch nehmen (Behandlung in Praxen und in öffentlichen Krankenhäusern). Medikamente und Zahnarztbesuche sind kostenpflichtig.

TELEFON

Öffentliche Telefone funktionieren mit Münzen, Kreditkarte oder Phonecard, im Wert von 2, 5, 10, und 20 £ in Postämtern, an Bahnhöfen und Kiosken. Mobilfunk in Ballungszentren problemlos, auf Inseln und in den Highlands eingeschränkt. Auskunft: 192, Auskunft international: 153

ÜBER NACHT

Blaue Plaketten des Scottish Tourist Board bewerten Unterkünfte aller Standards an den Eingängen nach einem Ein- bis Fünf-Sterne-System. Bed & Breakfast ist ab ca. 20 £ pro Person und Nacht zu haben. Das B&B-Angebot reicht von einfachen Privatquartieren bis zu luxuriösen Unterkünften in privaten Burgen, Schlössern und Herrenhäusern. In Dörfern oder auf Bauernhöfen ist häufig das Abendessen eingeschlossen. Es gibt ein großes und preiswertes Angebot an Cottages und Apartments. Buchungen unter www.visits cotland.com. Preiswert sind Unterkünfte in Universitäten während der vorlesungsfreien Zeit (➤ Infos bei der British Tourist Authority, s. S. 128). Der Service Book-a-bed-ahead der Tourist Information Centres bucht telefonisch die Unterkunft für die nächste Nacht.

BUCHUNGSZENTRALEN

HOTELS OF DISTINCTION
Broschüre über Scotland's Hotels of Distinction, P.O. Box 14610, Leven, Fife, KY8 6ZA, Tel. (013 33) 36 08 88, Fax 36 08 09, E-Mail: info@scotlands-hotels.com, www.hotels-of-distinction.com Vereinigung von mehr als 60 Landhäusern, Stadthotels und Resorts der oberen Preiskategorie mit gehobener Küche und erstklassigem Service

CONNOISSEURS SCOTLAND
Infos unter Tel. (01383) 825800, Fax 825700, Website: www.connoisseurscotland.com Zusammenschluss von neun Beherbergungsbetrieben erster Komfortklasse, darunter Gleneagles in Perthshire, One Devonshire Gardens in Glasgow und der Royal Scotsman Train

SCOTTISH FARMHOUSE HOLIDAYS
Broschüre über Central Reservation Service, Renton Terrace, Eyemouth, Berwickshire, TD14 5DF, Tel. (18 90) 75 18 30, Fax 75 18 31, E-Mail: scotfarmhols@compuserve.com Bauernhäuser mit Privatzimmern

JUGENDHERBERGEN

Die zahlreichen Jugendherbergen sind der Scottish Youth Hostel Association (SYHA) angeschlossen. Viele werden privat geführt. Übernachtungen ab 9 £.

SCOTTISH YOUTH HOSTEL ASSOCIATION
Stirling, Tel. (017 86) 89 14 00, Fax 89 13 33, E-Mail: info@syha.org.uk, Website: www.syha.org.uk

INDEPENDENT BACKPACKERS HOSTELS SCOTLAND
Isle of Skye, Tel. (014 78) 64 02 54, E-Mail: skyehostel@lineone.net, Website:www.hostel-scotland.co.uk

SCOTLANDS TOP HOSTELS
105 High Street, Edinburgh, EH1 1SG, Scotland, Tel./Fax 00 44/131/ 556 39 99, E-Mail: enquiries@scotlands-top-hostels.com, www.macbackpackers.com Schön gelegene, gut ausgestattete und atmosphärische Hostels in Edinburgh, Glasgow, Pitlochry, Inverness, Oban, Fort William und auf der Isle of Skye

EDINBURGH

New and Old Edinburgh Beste Erschließung per Bus. Tipp: Stadtrundfahrt durch die 453 000-Einwohner-Metropole mit den Guide Friday-Bussen, die im Hop-on-Hop-off-System zwischen den Sehenswürdigkeiten zirkulieren. Ticket ist 1 Tag gültig. Taxis am Bahnhof Waverley Station, in Princes Street und Royal Mile. Infos über Stadtspaziergänge (empfehlenswert: Mercat Tours, The Witchery Tour mit live-Gespenstern) im Tourist Information Centre, Princes Street, www.edinburgh.org (E 8)

ÜBER NACHT

17 ABERCROMBY PLACE
17 Abercromby Place, Tel. (01 31) 557 80 36, Fax 558 34 53, DZ 90 £, Euro, Visa In der Neustadt gelegenes Town House-Hotel mit Geschichte: Hier lebte im 19. Jh. der Architekt William Playfair (Royal Academy, National Gallery). Antiquitäten und Gemälde in neun Zimmern mit Bad. Reservieren!

BANK HOTEL
1 South Bridge, Telefon (0131) 556 90 43, Fax 558 13 62, DZ ab 100 £, Amex, Diners, Euro, Visa Ehemaliges Bankgebäude aus den zwanziger Jahren in zentraler Altstadtlage. Neun komfortable Zimmer, deren Gestaltung schottischen Nationalhelden gewidmet ist. Gemütliche, typisch schottische Kellerbar

PRESTONFIELD HOUSE
Priestfield Rd., Tel. (0131) 668 33 46, Fax 668 39 76, DZ ab 145 £, Amex, Diners, Euro, Visa Herrenhaus in Parklage unterhalb des Arthur Seat mit komfortablen Räumen. Pfauengeschrei weckt die Gäste. Tipp: der stuckverzierte „Cupid Room" mit Engel überm Bett. Spitzenrestaurant der konservativeren Art

THE SCOTSMAN
20 North Bridge, Edinburgh EH1 1YT, Telefon (01 31) 556 55 65, Fax 652 36 52, E-Mail: reservations@thescotsmanhotel.co.uk, www.scotsmanhotel.co.uk DZ ab 149 £ Mehr als hundert Jahre Sitz der angesehenen Edinburgher Tageszeitung *The Scotsman*, seit April 2001 Luxushotel. Dezenter Tartan-Charme in 64 Zimmern und vier Suiten. Health Club mit großem Schwimmbad, Wine Bar

SIX ST. MARY'S PLACE
6 St. Mary's Place, Raeburn Place, Stockbridge, Tel. (01 31) 332 89 65, Fax 539 73 75, DZ 56 £ Liebenswertes Bed&Breakfast in Stockbridge, Wintergarten fürs vegetarische Frühstück. Nach ruhigen Zimmern zum Garten fragen. Wenige Busminuten ins Zentrum

TEVIOTDALE HOUSE
53 Grange Loan, Edinburgh EH9 2ER, Tel. und Fax (0131) 6674763, DZ ab 52 £, Amex, Euro, Visa Sieben gepflegte, üppig ausgestattete Zimmer, Frühstück mit Räucherlachs und selbstgebackenem Brot. Zehn Busminuten von Waverley Station

TRAVEL INN
1 Morrison Str. Link, Haymarket, Tel. (01 31) 228 98 19, Fax 228 98 36, www.travelinn.co.uk, Amex, Diners, Euro, Visa, 49,95 £ Dieser Übernachtungspreis für zwei Erwachsene und bis zu zwei Kinder ist ein sensationelles Angebot. Kein Zimmerservice, lebhafte Brasserie im Erdgeschoss

RESTAURANTS

RISTORANTE TINELLI
139 Easter Road, Telefon (01 31) 6521932, tgl. 12-14.30, 18.30-23 Uhr Die mediterrane Kochkunst von Giancarlo Tinello macht das kleine Restaurant in einer etwas heruntergekommenen Straße vor allem für Pasta-Liebhaber zur ersten Adresse

DUBH PRAIS
123b High Street (Royal Mile), Tel. (01 31) 557 57 32, Di-Fr 12-14, Di-Sa 18.30-22.30 Uhr, Tel. (01 31) 557 57 32 Hauptgerichte 12-16 £ Schottische Küche: Haggis, in Hafermehl panierte Bücklinge, schottische Hafermehlsuppe, gebackener Fasan, Waldhuhn- und Steakpudding, geräucherte Muscheln

BLACK BO'S
57/61 Blackfriars Street, Tel. (01 31) 557 61 36, Mo-Sa 12-14, 18-23, So 18 bis 23 Uhr, Hauptgericht ab 7 £ Vegetarisches Restaurant, wechselnde Speisekarte mit fantasievollen Gerichten, Kerzenlicht

DANIEL'S BISTRO
88 Commercial Street, Leith, Tel. (01 31) 553 59 33, Hauptgericht ab 6 £ Amex, Euro, Visa Unprätentiöses Restaurant in einem ehemaligen Lagerhaus in Hafennähe. Entenconfit und Tarte flambeé

KEBAB MAHAL
7 Nicolson Square, Tel. (01 31) 667 52 14, Hauptgericht ab 4 £ Neonlicht, TV und köstliche indische Kebabs und kräftig gewürzte Curries

POINT RESTAURANT
34 Bread Street, Telefon (01 31) 221 55 55, Mo-Mi 12-14, 18-22, Do-Sa 12-14, 18-23 Uhr, Hauptgericht ab 6 £ Amex, Diners, Euro, Visa Smartes Hotelrestaurant mit moderner Kunst und exzellentem Preis-Leistungsverhältnis, ausgezeichnetes Dreigängemenü

KALPNA
2-3 St Patrick's Square, Tel. (01 31) 667 98 90, Hauptgerichte ab 6 £ Indisches Traditionslokal. Vegetarische Gerichte mit frischen Gewürzen

THE SHORE
3-4 The Shore, Leith, Tel. (01 31) 553 50 80, Mo-Sa 11-24, So 12.30-23 Uhr, Hauptgericht 9,50-14 £ Elegantes Fischrestaurant direkt am Hafen. An der Bar geht es bei Tapas und Jazz/Folkklängen legerer zu. Im Sommer draußen, reservieren. Livemusik Mi und Sa ab 21 Uhr

PUBS/WINEBARS

DEACON BRODIE'S TAVERN
435 Lawnmarket Traditionspub

MILNE'S
Rose Street Uriges Literatenpub mit mehreren Bars

THE TRON CEILIDH HOUSE
9 Hunter Square Livemusikpub mit abendlichen Folk-, Blues- und Jazzsessions

THE JOLLY JUDGE
7a St James Court Klassisches Pub aus dem 17. Jh. an der Royal Mile. Livemusik und Kaminfeuer, im Sommer draußen

WHISTLE BINKIES PUB
Late Night Pub mit guten Live Gigs. Jung, laut, lebendig

TEAROOMS/COFFEEBARS

THE LAIGH
117a Hanover Street, Mo-Sa 8.30-16 Uhr Gemütlicher, holzgetäfelter Coffeeshop mit leckeren Kuchen und Scones. Mittags vegetarische Snacks

NDEBELE
57 Home Street, tgl. 10-22 Uhr Südafrikanisches Café. Raffinierte Sandwiches und Salate, viele Teesorten

THE NETHEBROW ARTS CENTRE CAFÉ
43 High Street, Mo-Sa 9-17 Uhr Gute Snacks: gebackene Kartoffeln, frische Salate, Lachscroissants und vegetarische Tagesgerichte. An der High Street, mit Innenhof

FESTE UND FESTIVALS

Edinburgh International Festival Seit 1947 in den letzten drei Augustwochen. Klassische Musik, Oper, Ballett und Theater (Infos: www.eif. co.) Einige Tage vorher beginnt das Military Tattoo mit Regimentern aus aller Welt vor der Castle Esplanade. (Mo-Fr 21, Sa 7.30 und 22.30 Uhr, Tel. (01 31) 225 11 18, www.edintattoo.co.uk)

Edinburgh Fringe Festival Das „Rand"-Festival (*fringe* = Rand) ist mit 15 000 Vorstellungen vom experimentellen Theater bis zu Performances, Akrobatik und Straßentheater das eigentliche Highlight im August (Infos: www.edfringe. com). Parallel finden die internationalen Edinburgh Film-, Jazz- und Buchfestivals statt. Bei allen Veranstaltungen großer Andrang, Karten vorbestellen

The National Gaelic Mod Festspiele in gälischer Sprache mit Dichtung, Gesang und Musik, jedes Jahr im Sep./Okt. an wechselnden Orten (Infos: Tel. (018 51) 70 93 56, www.w-isles.gov.uk/mod2001)

Highland Games ➤ s. S. 102

Beim Fringe Festival gehen Avantgarde, Zirkus und Comedy zusammen

SHOPPING

Kaufhäuser und Läden in der Princes Street sind sonntags geöffnet. Antiquitätenläden befinden sich in der Thistle Street, Boutiquen in Victoria Street, Cockburn Street und am Grassmarket

KLEIDUNG

AITKEN & NIVEN
79 George Street Traditionelles Geschäft für schottischen Tweed

THE CASHMERE STORE
379 High Street Klassische Kaschmirpullover, Westen, Jacken

GEOFFREY
57-59 High Street Highlanderkluft zum Kaufen oder Ausleihen, Kilts und Tweedwaren

JOHN DICKSON & SON
Frederick Street/Rose Street Bestsortierter Laden für alle aktuellen Barbour-Outfits, dazu Jagd- und Anglerbedarf, australische R.M. Williams Boots

MARKS & SPENCER
53 Princes Street Hochwertige Strick- und Lambswool-Basics

NUMBER TWO
2 St. Stephen Place Kult-Laden im Trendviertel Stockbridge, Pullis, feine Strickwaren, Geschenke und handgestrickte Originale von den Fair Isles

RAGAMUFFIN
The Canongate, Royal Mile Bunte Strickpullover und -accessoires mit grafischen, teils keltisch beeinflussten Dessins

TISO MOUNTAINEERING
115 Rose Street Ausstatter für Outdoorbekleidung, Sportswear, Wanderschuhe; gutes Sortiment an Ordnance Survey-Wanderkarten

BÜCHER

JAMES THIN BOOKSELLER
53 South Bridge und 57 George Street Schottische Themen, gutes Kartenmaterial. In der Filiale South Bridge befindet sich in der ersten Etage ein Café zum Schmökern und Entspannen

SECOND EDITION
9 Howard Place Secondhandbuchladen mit hervorragendem Sortiment

WATERSTONES
128 Princes Street Britische Institution mit landesweiten Filialen. Starbucks Coffee wird in der ersten Etage serviert

ANTIQUITÄTEN

CARSON CLARK GALLERY
181-183 Canongate, Royal Mile Landkarten aus dem 16.-19. Jahrhundert, Replika, Globen und topographische Drucke zu allen Regionen der Welt

FINE & OLD LACE
46 Victoria Street, Mi geschl. Viktorianische Nachtwäsche, geklöppelte Spitze, Bettwäsche. Eldorado für Nostalgiker

PRESENT BYGONES
61 Thistle Street Porzellan, schottische Töpferarbeiten, Silber und ausgewählte Möbel

REID & REID
134 St. Stephen Street Bücher, Drucke, Silberwaren und in die Jahre gekommener Bric-a-Brac

GESCHENKE UND SOUVENIRS

ROYAL MILE WHISKIES
379 High Street Seltene Whiskys und Miniaturfläschchen

WIND THINGS
11 Cowgatehead, am Grassmarket Drachen, Windspiele, Frisbees, Jonglierbälle

SHOPPING MALLS

BYZANTINUM
9a Victoria Street Früher Kirche, heute Domizil für Shops mit Kleidung im Stil der 60er, Büchern, Antiquitäten und Krimskrams

JENNERS
48 Princes Street/David St. Im ehrwürdigen Haus, das stolz darauf ist, das älteste selbstständige Kaufhaus der Welt zu sein, gibt es Designermode, Kosmetik, Luxusartikel und Kurzwaren. Sehenswert: die Food Hall

AM ABEND

Aktuelle Infos zum Abendprogramm täglich im Veranstaltungsteil der Tageszeitung *The Scotsman*

BLUE BAR CAFÉ
10 Cambridge Street, Tel. (01 31) 221 12 22, tgl. 11.30-24 Uhr Nahe dem Traverse Theater ist die trendige Bar bevorzugtes Hangout der Edinburgher Promi-Lifestyle-Szene. Viel Glas, Edelstahl und Minimalismus. Hungrige bekommen Bubble & Squeak, Lamm oder Frühlingsrolle mit Ente

CEILIDHS AT THE CALEY
Scottish Caledonian Brewery 42 Slateford Rd., Tel. (01 31) 623 80 66, Infos unter www.caledonian-brewery.co.uk Ceilidh-Feiern ohne Kitsch und Kiltzwang. Im Sommer finden wöchentlich schottische Abende in der Brauerei statt

INDIGO YARD
7 Charlotte Lane, Telefon (01 31) 220 56 03, tgl. 8.30-1 Uhr Funkigste Bar der Stadt in den alten Gemäuern einer versteckten Innenhoflage im Westend. Unter dem Glasdach Frühstück mit Bananencrêpe, Businesslunch mit Salaten, opulente mediterrane und asiatische Gerichte. Abends laut, nach 23 Uhr ein Ort zum Sehen und Gesehen werden

WHY NOT?
14 George St., Tel. (01 31) 624 86 33, Di-Sa 22-3, während des Festivals bis 5 Uhr Top-Disco und Bar in den Kellergewölben unterhalb der superhippen Dome Bar. Teuer und flamboyant

MUSEEN/GALERIEN

CITY ART CENTRE
2 Market St., Tel. (01 31) 529 39 93, Mo-Sa 10-17 Uhr Städtische Kunstsammlung auf sechs Etagen, internationale Ausstellungen. Nettes Café im Parterre

THE DEAN GALLERY
Mo-Sa 10-17, So 12-17 Uhr, Eintritt frei Wechselnde Ausstellungen moderner Kunst in dem schön restaurierten, viktorianischen Gebäude, das vor zwei Jahren als Erweiterung der National Galleries of Scotland eröffnet wurde. Eduardo Paolozzi, Bildhauer und berühmter Sohn der Stadt, spendete Drucke, Zeichnungen und Skulpturen. Surrealistisches und Dada finden sich in der Penrose Gallery

FRUITMARKET GALLERY
45 Market Street, Telefon (01 31) 225 23 83, Mo-Sa 11-18, So 12-17 Uhr Zeitgenössische Arbeiten schottischer und internationaler Künstler. Malerei, Multimediadarbietungen und Installationen. Buchladen für Kunst und Architektur

ROYAL MUSEUM OF SCOTLAND
Chambers St., Tel. (01 31) 225 75 34 Öffnungszeiten wie Museum of Scotland (s. u.) Das massive Gebäude öffnet sich nach innen zu einem lichtdurchfluteten, von einem filigranen Eisenkonstrukt getragenen eklektischen Museum. Bedeutende naturwissenschaftliche und technische Sammlungen von Fossilien bis zu Dampflokomotiven. Bemerkenswert sind die Ivy Wu-Galerien in der zweiten Etage mit raren Exponaten aus China, Japan und Korea

MUSEUM OF SCOTLAND
Chambers St., Tel. (01 31) 225 75 34, Mo-Sa 10-17, Di bis 20, So 12-17 Uhr, www.museum.scotland.net In dem modernen Bau wird die Geschichte des Landes mit mehr als 10 000 Ausstellungsstücken lebendig – von Ritterrüstungen bis zum Kultgetränk Irn Bru

NATIONAL GALLERY OF SCOTLAND
2 The Mound, Mo-Sa 10-17, So 14-17 Uhr, Eintritt frei Imposantes neoklassizistisches Gebäude mit exquisiter Gemäldesammlung, die von der europäischen Renaissance bis ins 19. Jh. reicht. Viele Stücke sind Leihgaben des Duke of Sutherland. Raumaufteilung nach Epochen. Meisterstücke des Museums sind Aquarelle von Turner, impressionistische Kunst von Cézanne, Degas und Gauguin, sowie Werke von Tintoretto und Veronese. Bemerkenswerte Sammlung schottischer Gemälde mit großformatigen Portraits von Henry Raeburn, Allan Ramsay, Hofmaler von George III. und Werke von William MacTaggart

SCOTTISH NATIONAL GALLERY OF MODERN ART
75 Belford Road, Telefon (01 31) 624 62 00 Hauptsächlich schottische Kunst des 20. Jahrhunderts, aber auch deutscher Expressionismus (Kokoschka, Kirchner, Nolde, Dix, Jawlensky) sowie Werke von Picasso, Braque, Leger und Delaunay. Plastiken von Moore, Epstein, Bourdelle, Rickey und Hepworth

SCOTTISH NATIONAL PORTRAIT GALLERY
1 Queen Street, Tel. (01 31) 624 62 00, Mo-Sa 10-17, So 12-17 Uhr, www.natgalscot.ac.uk Hinter der strengen, dem venezianischen Dogenpalast nachempfundenen Sandsteinfassade sind berühmte Schotten wie Robert Burns, Mary Queen of Scots, Bonnie Prince Charlie und Sean Connery verewigt

THEATER/OPER/KONZERT

Das 14-tägig erscheinende Stadtmagazin *The List* informiert über aktuelle Veranstaltungstermine.
Im August wird Edinburgh zur Bühne. Klassische Musik, Oper, Ballett und Theater bestimmen das International Festival, während das Fringe Festival (www.edfringe.com) mit etwa 15 000 Vorstellungen vom experimentellen Theater bis hin zu Performances und Straßentheater ein buntes Programm bietet. (Programm-Info im Juni) Dritte Attraktion: das Military Tattoo (www.edintattoo.co.uk), ein abendlich an der Castle Esplanade stattfindendes militärisches Spektakel (Mo-Fr 21, Sa 7.30 und 22.30 Uhr). Tickets über die Credit Card Hotline (01 31) 225 11 8 bestellen. Starke Nachfrage

THE HUB FESTIVAL CENTRE
Tolbooth Church, Royal Mile, tgl. ab 8 Uhr, Postanschrift: Edinburgh International Festival, PO Box 1-2000, Edinburgh EH1 2XF, Tel. (01 31) 473 20 00, Fax (01 31) 473 20 03. Buchungsformulare unter www.eif.co.uk Tickets für das Edinburgh International Festival, Anfragen etwa ab März

FESTIVAL THEATRE
13-29 Nicholson Street, Tel. (01 31) 529 60 00 Grandiose Glasfront, gigantische Bühne, hochkarätiges Programm

KING'S THEATRE
2 Leven Street, Tel. (01 31) 557 25 90 Klassische Oper und Ballett, Gastspiele und Londoner Musicals

PLAYHOUSE THEATRE
18-22 Greenside Place, Tel. (01 31) 557 25 90 Größtes Theater mit mehr als 3000 Sitzplätzen. Heimatbühne des Scottish Ballet und der Scottish Opera (mit begehrten Samstagsvorstellungen). Außerdem noch: Comedy, Rock und Musicals

TRAVERSE THEATRE
Cambridge Street, Telefon (01 31) 228 14 04 Zeitgenössische Stücke

DIE SCHÖNSTEN AUTOROUTEN

Road to the Isles Rundtour ab Fort William – über die A 828 nach Süden. Erst Berge und Küste, dann Loch Linnhe bei Corran überqueren, über die A 861 zur einsamen Ardnamurchan Peninsula. Der Leuchtturm auf der Landspitze ist der westlichste Festlands-Punkt. Von Salen auf der A 861 nach Norden über die Halbinsel Moidart – die *small isles* immer im Blick. Die A 830 nach Mallaig oder nach Osten – vorbei am Glenfinnan Monument – zurück nach Fort William (C 5)

Rund um Loch Assynt Routen von Lochinver entlang der Küste: Richtung Süden nach Achiltibuie und zu den Summer Isles; nach Norden auf der B 869 mit Blick auf die Felsenküste. Vom Leuchtturm bei Stoer kann man zu der Felsnadel „Old Man of Stoer" wandern. Achtung: Einspurige Straßen, schwer einsehbare Kurven, Schafe auf der Straße (D 3)

Von Perth in die Highlands Tagestour ab Perth: Die A 85 Richtung Westen nach Crieff. Dann durch Sma' Glen auf der A 822. Über Aberfeldy führt der Weg zum östlichen Ende des von hohen Bergen umschlossenen Loch Tay und über das Dörfchen Fortingall durch das Glen Lyon-Tal. zum nördlich gelegenen Loch Tummel. Hier der spektakuläre Queens View. Danach bietet sich ein Abstecher zum nahegelegenen Blair Castle, ein Besuch in Pitlochry oder ein Bummel durch die Kathedralenstadt Dunkeld an. Von hier führt die A 9 nach Perth zurück (E 7)

Abteien des Grenzlands In die Borders von Kelso über Jedburgh, St. Boswells, Melrose und Hume Castle zurück zum Ausgangspunkt. Am Weg: die Ruine von Kelso Abbey, der „Scotts View" über die Eildon Hills. In Abbotsford das Haus von Sir Walter Scott (F 9)

Grandiose Klippen markieren den Point of Stoer nördlich von Lochinver

Sommerresidenz der Queen: Palace of Holyroodhouse in Edinburgh

UX, U-Bahn Hillhead, Tel. (0141) 3392001, Fax 3371663, DZ ab 170 £, Amex, Diners, Euro, Visa Intim wie ein Privatclub, makelloser Service, sternengekröntes Restaurant – Glasgows Top-Hotel für Romantiker und Bonvivants

THE OLD SCHOOL HOUSE
194 Renfrew Street, Glasgow G3, U-Bahn Cowcaddens, Tel. (0141) 3327600, Fax 3328684, DZ ab 48 £, Euro, Visa Modernes B & B im Haus eines ehemaligen Tobacco-Lords mit opulentem Frühstück

TOWN HOUSE HOTEL
21 Royal Crescent, Glasgow G3, U Kelvinbridge, Tel. (0141) 3329009, Fax 3539604, DZ 48 £, auch Familienzimmer, Diners, Euro, Visa B & B in eleganter Lage. Moderne, geschmackvolle Zimmer, üppiges Frühstück. Hervorragendes Preis-Leistungsverhältnis

RESTAURANTS

AIR ORGANIC
36 Kelvingrove Street, U Kelvinbridge, Telefon (0141) 5645200, Mo bis Do 12-15, 17-23, Fr, Sa 12-24 Uhr, Hauptgerichte ab 9 £, Flughafen-Design, schickes Ambiente. Fisch, Geflügel und kreative Gemüseküche mit asiatischem Einschlag

KAMA SUTRA
331 Sauchiehall Street, U Buchanan Street, Tel. (0141) 3320055, Hauptgerichte ab 5 £, Amex, Diners, Euro, Visa Preiswertes indisches Restaurant in zentraler Lage. Gute Atmosphäre, Wein selbst mitbringen

LUX
1051 Great Western Rd., U-Bahn Hillhead, Tel. (0141) 5767576, Di-Sa 18 Uhr-open end, Küche nur bis 22 Uhr, Dreigänge-Menü 25 £ Krustentiere von der Westküste, köstliche Nachspeisen. Modern Cooking mit edelsten Ingredienzien. Spitzenweine. Glasgows Gourmettreff

NAIRNS
➤ s. unter Hotels, Hauptgerichte ab 8 £, Täglich wechselnde Karte, Köstlichkeiten wie glasierte Entenbrust auf lauwarmen Linsen oder saftiges Heilbuttfilet im groben Senfmantel

SARTI'S
121 Bath Street, U-Bahn Buchanan, Telefon (0141) 2040440, Mo-Sa 8-22.30, So 12-22.30 Uhr, Hauptgericht ab 7 £, AmEx, Visa Beliebter Italiener, gutes Preis-Leistungsverhältnis, Fr und Sa Frühstück

THE PUPPET THEATRE
11 Ruthven Lane, Westend, U-Bahn Hillhead, Tel. (0141) 3398444, Di-Fr, So 12-14.30, 19-23, Sa 19-23 Uhr, Mo geschl., Hauptgerichte ab 12 £, Amex, Euro, Visa Drei gemütliche Räume und ein moderner, meistens ausgebuchter Wintergarten. Stilton-Soufflée mit Birnen oder in der Pfanne geröstetes Perlhuhn. Moderne schottische Küche, makellos präsentiert. Reservieren!

TWO FAT LADIES
88 Dumbarton Road, U-Bahn Kelvinhall, Telefon (0141) 3391944, Fr, Sa 12 bis 14.00, Di-Sa 18 bis 22 Uhr, Hauptgerichte ab 9 £, Euro, Visa Kleines Fischrestaurant im Westend mit großer Reputation. Empfehlenswert: die günstigeren *Pre-theatre*-Menüs von 18-19 Uhr

TOUREN IN DIE UMGEBUNG

SCOTTISH SEABIRD CENTRE
The Harbour, North Berwick, Tel. (01620) 890202, 40 Kilometer westlich Edinburgh, mit dem Auto über A 1, mit ScotRail ab Edinburgh Centre, mit Bus 24 (First Edinburgh) ab St. Andrew Square Nistende Eiderenten im Sommer sowie 150000 Seevögel vielerlei Art am Bass Rock. Sie bleiben ungestört, da sie von Kameras aufgenommen werden und die Besucher weit entfernt sind (E/F 8)

SOUTH QUEENSFERRY TOWN
15 Min. Fahrt von Edinburgh, Bus 88 (First Edinburgh) ab St. Andrew Square Die malerische Kleinstadt vor Edinburghs Toren liegt zwischen den beiden gigantischen Firth-of-Forth-Brücken, Road Bridge und Rail Bridge, den beiden Hauptverbindungen zu den Highlands. Sehenswert ist das direkt unter der Rail Bridge gelegene Hawes Inn (Newhalls Road, Tel. 331990) seit dem 16. Jh. in Betrieb und schon bei Walter Scott und R.L. Stevenson erwähnt. Direkt darüber liegt die Bahnstation – eine Überfahrt über den Sund mit der Bahn lohnt sich. Spektakulärer Blick auf die Brücken vom Restaurant Old Boat (direkt am Wasser, Telefon 3315429) Die Fischsuppe ist genießbar (K 1)

SCOTTISH MINING MUSEUM
Lady Victoria Colliery, Newtongrange, Midlothian, 16 km südöstlich Edinburgh über A7, oder Bus 3 A von der Princes Street, tgl. 10-17 Uhr, Telefon (0131) 5556363, www.scottishminingmuseum.com „Magic Helmet Tour" durch die ehemaligen Kohleminen von Newtongrange, einem der ältesten viktorianischen Kohlebergwerke in Großbritannien. Die Tour-Guides sind ehemalige Bergleute (K 2)

DALMENY HOUSE
South Queensferry, 13 km westlich Edinburgh, Straßen A 90 und B 924, Tel. (0131) 3311888, Fax 331 17 88, www.dalmeny. co.uk, Juli-Aug. So-Di 14-17.30 Uhr Das Landschloss des 7. Earl of Rosebery, traumhaft am Meeresarm Firth of Forth gelegen, birgt Kunstschätze. Besonders die Sammlungen des 5. Earl und die Mitgift seiner Frau Hannah Rothschild machen das herrschaftliche Anwesen zu einem Juwel, reich bestückt mit französischen Barock- und Rokokomöbeln, Tapisserien und Gemälden (K 1/2)

HOPETOUN HOUSE
An der A 904 bei South Queensferry Raumgreifend ragen die Seitentrakte des herrschaftlichen Anwesens, das oft als „Scotlands finest Stately Home" tituliert wird, ins makellose Grün. Stararchitekt William Adams erweiterte das von William Bruce begonnene Herrenhaus, Sitz der Marquess of Linlithgow. Kostbar ausgestattete Staatsgemächer, teilweise im Versailler Stil (K 1)

LAURISTON CASTLE
Cramond Road South William Reid, hochangesehener Innenausstatter aus Edinburgh, drückte dem um 1590 erbauten Landhaus seinen Stempel auf: die Sammlung der Möbel, Drucke und Objets d'art bilden ein authentisches Panoptikum der edwardianischen Zeit (K 1/2)

GLASGOW

Sightseeing im Zentrum am besten zu Fuß; das Gewirr an Einbahnstraßen macht Autofahren zur Geduldsprobe. Die orangefarbene U-Bahn, „Clockwork Orange", fährt im Kreisverkehr über 15 Haltestellen zwischen Zentrum und Westend. Lohnenswert sind Rundfahrten mit der Bustour Discovering Glasgow im Hop-on-Hop-off-Verkehr zu den Sehenswürdigkeiten. Taxis Tel.(0141) 3326666. Infos zu themenbezogenen Stadtspaziergängen (u.a. Geister-Trips, Pub-Besuche, Kathedralenführungen) im Greater Glasgow and Clyde Valley Tourist Board, 11 George Square, Telefon (0141) 2044400, E-Mail: enquiries @seeglasgow.com, www.see glasgow. com (D 7/8)

ÜBER NACHT

ALBION HOTEL
407 North Woodside Road; Glasgow G 20, U-Bahn Kelvingrove, Tel. (0141) 3398620, Fax 3348159, DZ ab 48 £, Amex, Diners, Euro, Visa Bed & Breakfast mit 16 Zimmern, alle mit Bad, einige mit Blick auf den River Kelvin

ARTHOUSE HOTEL
129 Bath Street, Glasgow G2 2SY, U-Bahn Buchanan Street, Telefon (0141) 2216789, Fax 2216777, www.art house hotel.com, DZ ab 120 £ Neues Designerhotel, Lieblingsbleibe der Promis. Oyster Bar und Art House Grill im Basement. Der 24-Stunden-Zimmerservice bringt frische Austern aufs Zimmer

BRUNSWICK MERCHANT CITY HOTEL
106-108 Brunswick Street, Glasgow G1 1TF, U-Bahn Buchanan Street, Tel. (0141) 5520001, Fax 5521551, DZ ab 64 £, auch Dreibettzimmer verfügbar Intimes Designerhotel nahe der Merchant City. Bunte Farben, angenehme Bar, unprätentiöse kleine Zimmer zum Wohlfühlen. Junge Gäste aus Mode und Musik

HILLVIEW HOTEL
18 Hillhead Street, Glasgow G12, U-Bahn Hillhead, Tel. (0141) 3345585, DZ ab 38 £, keines mit Bad, Familienzimmer, Euro, Visa Familiäres Haus mit elf geräumigen Zimmern nahe der Universität. Frühstück mit offener Küche. Kinder willkommen

MALMAISON
278 West George St., Glasgow G2 4LL, U-Bahn Buchanan Street, Telefon (0141) 5721001, Fax 5721002, www. malmaison.com, DZ 115 £, Amex, Diners, Euro, Visa Feines Designerhotel (früher Kirche) in ruhiger Seitenstraße im Zentrum mit Art-Nouveau-Brasserie in der ehemaligen Krypta. Edel ausgestattete Zimmer, Satelliten-TV und CD- Player

NAIRNS
13 Woodside Crescent, Glasgow G3 7UL, U-Bahn St. George's Cross, Tel. (0141) 3530707, Fax 3311684, DZ ab 110 £, www.nairns.co.uk, Amex, Diners, Euro, Visa, Glasgows aufregendstes Hotel. Tipp: die Räume Silver, Amber, Nantucket und Vermeer mit Fünfsterne-Komfort. Das historische Stadthaus beherbergt ein exzellentes Restaurant

ONE DEVONSHIRE GARDENS
1 Devonshire Gardens, Glasgow G12

SEHENSWERT

BOTANIC GARDEN
Great Western Road, tgl. 7 Uhr bis zur Dämmerung Weltklassesammlung exotischer Orchideen, Begonien in allen Farbschattierungen

GEORGE SQUARE
Mittelpunkt Glasgows, umrahmt von zwölf Statuen, darunter Queen Victoria, Robert Burns und Sir Walter Scott. An der Ostseite pompöse, neoklassizistische City Chambers. Während einer Führung (werktags 10.30 und 14. 30 Uhr) kann man die Mosaikendecke, die Tonnengewölbe und das Marmor-Treppenhaus der Banqueting Hall bewundern

GLASGOW CATHEDRAL
April bis Sep. Mo-Sa 9.30-18, So 14 bis 17, Okt.-März Mo-Sa 9.30-16, So 14-16 Uhr 1136 wurde die erste Kathedrale an diesem Ort geweiht, um 1500 das heutige Kirchengebäude vollendet, das die Reformation ohne Beschädigungen überstand. Einzigartig ist die gotische Krypta (Lower Church), getragen von einer Reihe kapitellgeschmückter Säulen und gotischen Spitzbögen. Im Zentrum der Krypta befindet sich das Grabmal des Hl. Mungo (+613 n. Chr.)

THE TENEMENT HOUSE
145 Buccleuch Street, März-Okt. tgl. 14-17 Uhr In diesem Mietshaus der Glasgower Mittelklasse lebte von 1911 bis 1965 die Stenotypistin Agnes Toward. Besucher erhalten Einblick in ihr Leben, das durch profane und persönliche Gegenstände dokumentiert ist und ein lebendiges Sittenbild des frühen 20. Jh. zeichnet

NEKROPOLIS
neben Glasgow Cathedral Monumentale Grabmäler, Totentempel, heroische Statuen aus dem 19. Jh.

HILL HOUSE
Helensburgh, Upper Colquhoun Str., Ostern-Oktober tgl. 13.30 bis 17.30 1902 bis 1904 entwarf Charles Rennie Mackintosh für den Verleger William Blackie dieses majestätische Haus und den Garten hoch über dem Firth of Clyde. Die kompletten Innendesigns sind in ihrer Gesamtkomposition von ätherischer Schönheit. Licht, Formen (geometrische Muster und die klassische Mackintosh-Rose) sowie Farbkontraste von schwarz über zarte Rosa- und Grüntöne bis Weiß spielen in dem Anwesen auf das Raffinierteste zusammen

PUBS/WINEBARS

Pubs und Coffeeshops mit guten, kleineren Gerichten („Pub-Grub"); nahezu überall gibt es vegetarische Speisen

BARGO
80 Albion St., Tel. (01 41) 553 47 71, tgl. 12-24 Uhr Postmoderne Bar mit smartem, etwas versnobtem Publikum. Abends wird zu Clubklängen getanzt

BLACKFRIARS
36 Bell Street, Tel. (01 41) 552 59 24, tgl. 11.30-24 Uhr Studentisches Pub, häufig jazzige Livemusik

KING TUT'S
272 St Vincent Street, Telefon (0141) 221 52 79, Mo-Sa 12-24 Uhr Beliebte Bar mit interessanten, neuen Bands ab 20.30 Uhr

THE HORSESHOE
17 Drury Street, Mo-Sa 11-24, So 12.30-24 Uhr Berühmteste Bar Glasgows, das viktorianische Interieur ist seit 1884 kaum verändert. Lange, hufeisenförmige Theke, außerordentlich preiswerte Mahlzeiten

BABBITY BOWSTER
16-18 Blackfriars Street Beliebtes Hotelpub in der Merchant City mit Garten. Auf der Speisekarte: Haggis. Das hauseigene Babbity Thistle Ale ist ein würziges Bier

TEAROOMS/COFFESHOPS

CAFE GANDOLFI
64 Albion Street, Telefon (01 41) 552 68 13, Mo-Sa 9-23.30, So 12 bis 23.30 Uhr Beliebter Treffpunkt wenige Gehminuten von George Square. Café Macciato mit Karamelkuchen und Snacks

CAFFE LATTE
58 Virginia Street, tgl. 12-1, Fr, Sa bis 3 Uhr Kosmopolitisches Café im Herzen der Merchant City

INSOMNIA
38-42 Woodlands Road, Tel. (01 41) 564 17 00 24-Stunden-Café im Westend mit Werken lokaler Künstler

THE WILLOW TEA ROOM
➤ S. 48

SHOPPING

Sauchiehall Street, Argyle Street und Buchanan Street sind die Konsummeilen der Stadt. Glasgow bietet nach London die besten Einkaufsmöglichkeiten im Königreich. Trendy, mit Läden internationaler Designer, ist die Merchant City. Die Einkaufszentren der Innenstadt sind sonntags geöffnet

ANTIQUITÄTEN

TIM WRIGHT ANTIQUES
147 Bath Street, Mo-Fr 10-17, Sa 10.30-14.30 Uhr Größter Antikshop. Gute Uhrenauswahl, kein Schmuck

YORKHILL QUAY
Möbel, Gemälde, Bleiglas, Skulpturen, antike Schnitzereien, Porzellan, Uhren, Schmuck und andere Kostbarkeiten. Besonders empfehlenswert: Lovejoy Antiques, Unit 3b

SCHMUCK UND ANTIQUITÄTEN

ARGYLL ARCADE
30 Buchanan Street Funkelnde Auslagen von 32 Juwelier- und Schmuckgeschäften auf der Arkade von 1827

VICTORIAN VILLAGE
57 West Regent Street Viele kleine Läden mit antiker Spitze, Puppen, Schmuck, nostalgischem Bric-a-Brac

ORRO CONTEMPORARY JEWELLERY
49 Bank Street, Tel. (01 41) 357 69 99, Di-Sa 10-17.30 Uhr Auf zeitgenössischen Schmuck spezialisiertes Geschäft mit ausgewählten Arbeiten junger britischer Designer

KAUFHÄUSER UND SHOPPING MALLS

ST. ENOCH CENTRE
55 St. Enoch's Square, Telefon (01 41) 204 39 00, Mo-Mi 9-18, Fr, Sa 9-20, Do 11-17.30 Uhr Riesengroß, auf Fußgängerzonen-Niveau, allwettertauglich

FRASER'S DEPARTEMENT STORE
21 Buchanan Street Viktorianisches Einkaufszentrum. Die Glasarkaden des Jahrhundertwendebaus sind auf vier Etagen mit Kleidung, Kunsthandwerk, Accessoires und vielen dekorativen Dingen gefüllt. Was Harrods für London, ist Fraser's für Glasgow

PRINCES SQUARE
48 Buchanan Street Art déco und schmiedeeiserne Ornamente über sechs Etagen. Um die Replik des Foucaultschen Pendels sind viele Cafés und Spezialgeschäfte versammelt, Souvenirs in großer Auswahl gibt es im Scottish Craft Centre

DIE SCHÖNSTEN KÜSTENORTE

Applecross Stilles Dörfchen mit rotem Sandstrand und spektakulärer Anfahrt über den Bealach na Ba, den „Rinderpass" (25 % Gefälle): kurvig, vorbei an granitgrauen Felsen, bis sich die Passstraße schließlich zum Meer hinabwindet. Bester Blick auf die Isle of Raasay und Skye. Lohnende Einkehr im maritimen Applecross Inn, dem einzigen Pub. Es gibt Mönchsfisch und Muscheln aus nahen Gewässern sowie Zimmer mit Meerblick (C 4)

Crail Einer stellvertretend für alle: Der bezauberndste einer Reihe kleiner Fischerorte (Pittenweem, Anstruther, Elie) in der Region East Neuk, eine Autostunde nordöstlich von Edinburgh. Die Künstlerkolonie erinnert mit niederländisch anmutenden Hausgiebeln an einstige Handelsbeziehungen im Mittelalter. Feine Strände und Radwege. Nicht nur bei schlechtem Wetter lohnt die „Courtyard Gallery" mit sehenswerten Ausstellungen lokaler Künstler (F 7)

Lochinver Fischerboote und Yachten im Hafen, umgeben von Bergen. Schon die Anreise ist ein Erlebnis: Die Straße führt über die Hochmoore von Assynth, vorbei an kraftvollen Bergen wie dem kegelförmigen Mount Suilven und unzähligen Süßwasserlochs. Lochinver selbst gilt als beste Basis für Ausflüge auf die Halbinsel Stoer (D 3)

Pennan Hafenort an der Nordküste der Grampian Highlands. Weißgetünchte Cottages reihen sich an der Mole, im Rücken die schroffen Sandsteinklippen der Pennan Bay. Weltbekannt wurde das ehemaliges Schmugglernest als Drehort von „Local Hero". Filmanekdoten werden im „Pennan Inn", der einzigen Hafenkneipe, erzählt (G 5)

Plockton Palmen säumen den Hafen, im Hintergrund türmen sich sattgrüne Bergkuppen. Weiße Fischerhäuschen mit blauen, grünen,

In East Neuk nördlich des Firth of Forth liegen Strände und Fischerdörfer

rosafarbenen Türen und Fenstern säumen die winzige Bucht des Loch Carron (C 4)

St. Andrews Für Golfer ist St. Andrews der Himmel auf Erden, aber auch für Nicht-Golfer zählt die lebendige Stadt zu den bezauberndsten Orten der Ostküste. Sehenswert: Ruinen einer Kathedrale aus dem 12. Jh., die Ruine eines Castle aus dem 13. Jh. und der Universität aus dem 15. Jh. Im Sommer läuft das Meer allen anderen Highlights den Rang ab (E/F 7)

Tobermory Gelb, blau, ochsensblutrot schmiegen sich Häuser aus dem 18. Jh. ans Hafenbecken. Tobermory, Hauptort der Isle of Mull, ist auch im Sommer ein leises Städtchen und bezaubernd. Auf dem Grund der Bucht soll das Wrack einer spanischer Galeone liegen, deren Schätze nie gehoben wurden (B 6)

Ardanaiseig Hotel, gebaut 1834, bietet gehobenen Wohnkomfort am Loch Awe

WOHNEN IN HISTORISCHEN GEMÄUERN

„This is a place I can relax", sagte General Eisenhower über Culzean Castle. Wenn gegen 17 Uhr der Besucherstrom abebbt, wird es stiller in den Schlössern, Parks und Gärten des National Trust – zum Glück für diejenigen, die dort logieren. Das stolze Castle Fraser, das verträumte Craigievar Castle und die Eisenhower-Apartments in Robert Adams' Meisterwerk Culzean Castle gehören zu den begehrtesten Ferienwohnungen der Stiftung, die sich dem Erhalt von Natur- und Kunstschätzen Schottlands verschrieben hat. Wer Schlossbesitzer auf Zeit werden will, kann jeweils ab November für das kommende Jahr buchen. Doch zur Auswahl stehen nicht nur Wohnungen in den Märchenschlössern des Trust, sondern auch wildromantische, einsame Jagdhäuser in den Highlands, ein ehemaliges Fährhaus vor Balmacara und ein strohgedecktes Bauernhaus auf Skye, in dem das Torffeuer knistert. Neu im Angebot ist ein kleines Leuchturmwärterhäuschen am Mull of Galloway. Auf Canna teilt sich der Gast das Inseldasein mit nur 20 Einwohnern. Im historischen Zentrum von Edinburgh, an der Royal Mile, klettert man in dem mehr als 300 Jahre alten Bürgerhaus Gladstone's Land auf einer steilen Wendeltreppe in sein Apartment. Insgesamt stehen 38 Häuser und Wohnungen mit Zwei- bis Vier-Sterne-Komfort zur Auswahl.

Farbige Broschüre „Holiday Accomodation" beim NATIONAL TRUST FOR SCOTLAND, Holidays Department, 28 Charlotte Square, Edinburgh EH2 4ET, Tel. (00 44) 131/243 93 00, Fax 243 93 01, E-Mail:holidays@nts.org.uk

KLEIDUNG

THE ITALIAN CENTRE
7 John Street/Ingram Street, Mo-Sa 8-18 Uhr In den renovierten Lagerhäusern aus dem 19. Jh. gruppiert sich eine Handvoll teurer Designerboutiquen um einen schönen Innenhof. Versace, Armani etc.

KUNST UND DESIGN

MACKINTOSH SHOP
167 Renfrew St. Im Foyer der Glasgow School of Art befindet sich dieser hervorragend sortierte Laden, der Schreibwaren, Schmuck, Drucke, Bücher, Karten und andere Objekte im Art-Nouveau-Stil verkauft

THE OPEN STUDIO
40 Cornwall St., Tel. (01 41) 440 00 73, www.theopenstudio.org.uk Werke Glasgower Absolventen der School of Art

COMPASS GALLERY
178 West Regent Street, Tel. (01 41) 221 63 70 Galerie für zeitgenössische Kunst mit Gespür für neue Talente

AM ABEND

„What's On" (gratis) und „The List" informieren umfassend über das Kulturprogramm in Schottlands größter Stadt. Theaterkarten können im Ticket Centre, City Hall, Tel. (01 41) 287 55 11 vorbestellt werden

BUDDA
142 St. Vincent Street Tel. (01 41) 221 56 60, Mo-Sa 12-24, So 18-24 Uhr Angenehm ruhige Bar mit afrikanisch anmutender Deko. Am Wochenende hektisch. Gute Drinks

HAVANA
50 Hope Street, Tel. (0141) 248 44 66, tgl. 12-1 Uhr Kubanische Bar mit allen Ingredienzen: tropische Cocktails, lateinamerikanische Rhythmen, südamerikanische Speisekarte, gut gefüllter Humidor

THE LIVING ROOM
5 Byres Road, Tel. (0141) 339 85 11, Mo-Do 11-23, Fr-Sa 11-24, So 12-23 Uhr Abends von Szene-Publikum dicht bevölkerte Westend-Bar mit Kaminfeuer

THE UBIQUITOUS CHIP
12 Ashton Lane, Telefon (01 41) 334 50 07, So-Do 11-23, Fr, Sa 11-24 Uhr Stark frequentierte Bar im Kneipenviertel Westend, nicht nur für hippe Trendsetter

VELVET ROOMS
520 Sauchiehall Street, Tel. (01 41) 332 07 55, Di-Do 23-3, Fr, Sa 22-3 Uhr House Music und swingende Grooves für gehobenes Publikum, Eintritt

MUSEEN/GALERIEN

THE BURRELL COLLECTION
Pollok Country Park, Mo-Sa 10-17, So 11-17 Uhr Dem British Museum im Kleinformat ähnelt, was Sir William Burrell (1861-1958), steinreicher Reeder mit Kunstsinn, zusammtrug und seiner Heimatstadt vermachte: Kunstschätze aus allen Kontinenten: von ägyptischen Gottheiten, italienischem Glas, chinesischem Porzellan, flämischen Gobelins, persischen Teppichen bis zu Stein-, Alabaster-, Bronze-, Marmor-, Holz-, Glas-, Silber- und Mosaikarbeiten, Gemälden, Skulpturen und Miniaturen

GALLERY OF MODERN ART
Queen Street, Mo-Sa 10-17, So 11 bis 17 Uhr Gemälde, Installationen, Skulpturen, Fotografien und Kunsthandwerk von schottischen und internationalen Künstlern der Gegenwart auf vier übersichtlichen Etagen. Eklektischer Stilmix zwischen den „Glasgow Boys" und Niki de Saint Phalle, zwischen Ethnic Art und Sebastiao Salgado. Angenehmer Coffeeshop

HUNTERIAN MUSEUM AND ART GALLERY
Mo-Sa 9.30-17 Uhr, Mackintosh House 12-30-13.30 Uhr geschl. Glasgows ältestes Museum im Hauptgebäude der Universität mit weltumspannender Kollektion von Dinosaurierfossilien, römischen Funden und Münzen bis zu Zeugnissen von Captain Cooks Südsee-Reisen. Im modernen Gebäude gegenüber befindet sich die umfassende Kunstsammlung der Hunterian Art Gallery. Herausragend ist die Sammlung von 60 Whistler-Gemälden und dem kompletten Studio des Künstlers sowie die Print Gallery, die den Bilderbogen von Dürer bis Hockney spannt

KELVINGROVE ART GALLERY AND MUSEUM (GLASGOW MUSEUM)
Kelvingrove Park, Mo-Sa 10-17, So 11 bis 17 Uhr Im Erdgeschoss des majestätischen Sandsteingebäudes befinden sich die umfassende Sammlung zur Naturgeschichte Schottlands, völkerkundliche Exponate aus aller Welt, Rüstungen, dekorative europäische Kunst sowie Zeichnungen und Objekte von Charles Rennie Mackintosh (Glasgow 1900). Gemäldesammlung in der ersten Etage mit Werken u.a. flämischer und italienischer Meister (Rembrandt, Bellini, Botticelli), französischen Impressionisten (Degas, Signat, Seurat, Cézanne, Monet, Sisley, Pissarro), Arbeiten von van Gogh, Picasso, Matisse und Braque sowie berühmten Briten wie Raeburn, Turner und Whistler. Werke schottischer Künstler vom 17. Jahrhundert bis zur Moderne, u.a. die „Glasgow Boys" Hornel, Guthrie, Walton und Mann

McLELLAN GALLERIES
270 Sauchiehall Street, Mo-Sa 10 bis 17, So 11-17 Uhr, Di. geschl. Große spektakuläre Ausstellungen

ST. MUNGO MUSEUM OF RELIGIOUS LIFE AND ART
2 Castle Street (neben Glasgow Cathedral) Mo-Sa 10-17, So 11-17 Uhr Außergewöhnliches Museum, das die großen Weltreligionen und ihre Rituale thematisiert

THE PEOPLE'S PALACE
Glasgow Green, Mo-Sa 10-17, So 11-17 Uhr Im viktorianischen Bau des Volksmuseums am River Clyde wird Glasgows Sozialgeschichte dokumentiert – von nostalgischen Krämerläden bis zu Zeugnissen der Gewerkschaftsbewegung, von den Suffragetten bis zum Aufstieg der Tobacco Lords. Café im Wintergarten

THEATER/OPER/KONZERT

CENTRE FOR CONTEMPORARY ARTS
350 Sauchiehall Street, Tel. (0141) 332 05 22 Experimentelles Theater, Performances, Tanz

CITIZENS' THEATRE
119 Gorbals St., Tel. (01 41) 429 00 22 Legendäres, hoch verehrtes Theater im Glasscherbenviertel Gorbals, bekannt für hinreißende, innovative, riskante Produktionen

GLASGOW ROYAL CONCERT HALL
2 Sauchiehall Street, Telefon (01 41) 353 80 00 Mehr als 2400 Sitzplätze für Teenies, Popfans und Anhänger des Royal Scottish National Orchestra. Hervorragende Akustik

THEATRE ROYAL
282 Hope St., Tel. (01 41) 332 90 00 Erste Theaterbühne Glasgows, auch Ballettaufführungen

TOUREN IN DIE UMGEBUNG

Klassische Ausflugziele sind Loch Lomond (30 Autominuten nördlich von Glasgow) und die Insel Arran mit hügeligem Highland-Charakter (B/C 8)

DAS CLYDE VALLEY BIS LANARK
Die M 74 auf dem Weg Richtung Süden meiden. Attraktiver ist die als National Tourist Route ausgeschilderte Landstraße ab Hamilton, vorbei

an Chatelherault, dem Jagdschloss der Dukes of Hamilton, durch das Clydetal. Die kurvenreiche Strecke führt durch hübsche Orte wie Rosebank, Kirkfieldbank und Hazelbank über Lanark, die Heimatstadt von William Wallace, bis in die historische Marktstadt Biggar, die fünf Museen und ein viktorianisches Puppentheater beherbergt. Höhepunkt der Route ist New Lanark, die Arbeitersiedlung am Clyde (D 3)

PAISLEY
Industriestadt zehn Kilometer westlich von Glasgow. Hier wurde das weltbekannte, indisch geprägte Paisley Muster erfunden (s. S. 10). Tipp: Paisley Abbey, deren Ursprünge bis ins 12. Jh. zurückreichen (C/D 8)

THE WAVERLEY
Anderston Quay, Waverley Terminal, Telefon (0141) 221 81 52, Fr bis Sa 10, So 11Uhr Einer der wenigen letzten Schaufelraddampfer, die PS Waverley, fährt von Glasgow in den Firth of Clyde. Die Tagestrips führen bis nach Dunoon und Rothesay auf der Isle of Bute (D 7)

SOUTHERN UPLANDS

Anders als die Highlands mit ihrer großen Anziehungskraft sind die Mittelgebirge südlich der Linie Glasgow-Edinburgh noch zu entdecken. In Dumfries und Galloway folgt man den Spuren des Nationaldichters Robert Burns. Von Fischerdörfern zu den Moorlandschaften der Machars, den weichen Kuppen der Southern Uplands bis hin zum Galloway Forest Park und den *rolling hills* der Borders prägen Schaf- und Rinderzucht die Landwirtschaft, die Wollverarbeitung hat eine lange Tradition. Hawick und Galashiels sind Zentren der schottischen Textilindustrie; viele *Woolen mills* bieten Führungen an. Zu den großen Attraktionen des Grenzlandes im Süden gehören die Abteien, Burgen und Herrenhäuser. (C 9-E 8)

AYR

Für Literaturinteressierte beginnt hier die nationale Pilgerroute zu Plätzen, die mit dem Leben von Robert Burns verknüpft sind. In und um Ayr (48 500 Ew.), das zu einem Stadtbummel einlädt, stößt man auf viele Erinnerungen an den Nationaldichter – in der Auld Kirk wurde er getauft, die Brücke Auld Brig o' Ayr taucht im Gedicht „Tam o' Shanter" auf. (C 8).

ÜBER NACHT

TURNBERRY HOTEL
Ayrshire KA26 9LT, Tel. (01 65 59) 33 10 00, Fax 33 17 06, DZ ab 190 £, Amex, Diners, Euro, Visa, E-Mail: Turnberry@westin.com, www.turnberry.co.uk Nobelhotel am Meer, das Golferherzen höher schlagen lässt. Gäste genießen garantierte Startzeiten auf dem gepflegten Grün, dazu Wellness- und Badekomfort

RESTAURANTS/PUBS

FOUTERS BISTRO
Ayr, 2 Academy Street, Tel. (012 92) 26 13 91, Di-Sa 12-14Uhr, 18.30-22.30 Uhr, Hauptgericht ab 7 £, Amex, Diners, Euro, Visa Freundliches Kellerlokal; hausgemachte Wildpastete, Muscheln in Chilisauce und fantasievolle „Chef's Specials". Empfehlung: Drambuie Parfait, halb gefroren

RABBIES BAR
Ayr, Burns Statue Square, Mo-Sa 11-0.30, So 12-24 Uhr Quicklebendiges Pub mit Livemusik, das Robert Burns gern auf ein Pint besuchte

SEHENSWERT

BURNS COTTAGE AND MUSEUM
Alloway, April-Okt. tgl. 9-18, Nov. bis März Mo-Sa 10-16 Uhr Grasgedeckte Lehmhütte, in der Robert Burns geboren wurde. Im Burns-Museum nebenan sind die Erstausgabe des Bestellers „Poems chiefly in the Scottish Dialect" (1787), Originalmanuskripte und Tagebücher ausgestellt

CULZEAN CASTLE UND PARK
Mai-Sep. tgl. 10-18, April, Okt. Mo bis Fr 12-17, Sa, So 10.30-17.30 Uhr, Park tgl. 9 Uhr bis zur Dämmerung Dramatisch auf Steilklippen thronendes Prachtschloss, das als Paradebeispiel für Robert Adams' klassizistischen Baustil gilt (C 8)

DUMFRIES

Die Hauptstadt der Region (31 300 Ew.) wird „Königin des Südens" genannt. Ihr Charme wird ein wenig von Neubauten der sechziger Jahre überschattet. Schöne sechsbogige Flussbrücke aus dem 15. Jh. (D 9)

ÜBER NACHT

TRIGONY HOUSE HOTEL
Closeburn, Thornhill DG3 5EZ, an der A76 20 km nördl. von Dumfries, Tel. (01848) 33 12 11, www.trigonyhotel.co.uk, DZ ab 80 £, Euro, Visa Heimeliges Familienhotel in einem ehemaligem Jagdhaus. Idyllische ruhige Lage. Charmantes Pub und hervorragende Speisen (D 9)

PUB

GLOBE INN
Dumfries, 56 High Street Traditionsreiches Pub

SEHENSWERT

BURNS' HOUSE
Dumfries, Burns Street, April-Sep. Mo-Sa 10-17, So 14-17, Okt.-März Di-Sa 10-13, 14-17 Uhr, Eintritt frei Kleines Cottage, in dem Robert Burns von 1792-96 seine letzten Lebensjahre in großer Armut verbrachte. Mehr über sein Leben im Robert Burns Centre in der Mill Rd.; Burns-Mausoleum auf dem Friedhof der St Michael's Kirk

DRUMLANRIG CASTLE
5 km nördl. von Thornhill, Mai-Aug. Mo-Sa 11-17, So 13-17 Uhr, Do geschl. Schloss aus dem 17. Jh. mit märchenhaftem Aussehen: rötlich-roséfarbener Sandstein und viele Türme und Türmchen. Im Inneren bedeutende Gemäldesammlung mit Werken von Rembrandt, da Vinci, Holbein u.a. Schöner Park; in den früheren Stallungen befinden sich Workshops für Kunsthandwerker (D 9)

SWEETHEART ABBEY
New Abbey, an der A 701 Grasbewachsene Ruine mit rührender Historie: Die Abtei wurde 1273 von Devorguilla Balliol gegründet. Nach dem Tod ihres Mannes trug die Abtei-Gründerin das einbalsamierte Herz des Gatten bis zu ihrem eigenen Tod bei sich. Heute liegen beide am Altar der Abtei begraben (D 9/10)

THREAVE GARDEN
1,5 km westl. von Castle Douglas, tgl. 9.30 - Sonnenuntergang Parkanlagen des National Trust. Zu jeder Jahreszeit einen Besuch wert: Im Frühling blühen mehr als 200 verschiedene Narzissenarten (D 10)

JEDBURGH

Die nahe der Grenze gelegene Kleinstadt (4500 Ew.) war häufig Schauplatz von Kämpfen mit den Engländern. An die Kriege erinnert das im Februar stattfindende Mannschaftsspiel Ba' Games. (E 9)

ÜBER NACHT

HUNDALEE HOUSE
Jedburgh TD8 6PA, südlich von Jedburgh, an der A68 ausgeschildert, Tel./Fax (01835) 86 30 11, DZ ab 88 £, Historisches Herrenhaus in weitläufigem Park; viktorianischer Charme und moderne Ausstattung

PHILIPBURN HOUSE
Selkirk, TD7 5LS, Tel. (01750) 207 47, Fax 216 90 , E-Mail: info@philipburnhousehotel.co.uk, www. philipburnhousehotel.co.uk, DZ ab 100 £, Luxuriöses, privates Anwesen mit Suiten über zwei Ebenen und sehr schönen Bädern. Kerzenlichtdinner am Pool, Küche und Service ge-

MERIAN SITE-SEEING Schottland im Internet

INFORMATIONEN

Scottish Tourist Board: die offiziellen Seiten des Fremdenverkehrsamtes **www.visitscotland.com**

Die staatlichen Verwaltungsbezirke sind in 14 touristische Regionen gegliedert:
Dumfries & Galloway: **www.dumfriesandgalloway.co.uk**
Scottish Borders: **www.scot-borders.co.uk**
Ayrshire & Arran: **www.ayrshire-arran.co.uk**
Argyll, The Isles, Loch Lomond, Stirling and The Trossachs: **www.scottish-heartlands.org**
Kingdom of Fife: **www.standrews.co.uk**
Perthshire: **www.perthshire.co.uk**
Angus & Dundee: **www.angusanddundee.co.uk**
Highlands: **www.host.co.uk**
Aberdeen & Grampian: **www.agtb.org**
Western Isles: **www.witb.co.uk**
Orkney: **www.orkney.com**
Shetland Islands: **www.shetland-tourism.co.uk**
Greater Glasgow: **www.seeglasgow.com**
Edinburgh & Lothians: **www.edinburgh.org**

REISEPLANUNG

Routenplaner: Für die individuelle Anreise mit dem Auto **www.mappy.com**

bmi british midland: Der Flugpionier bei Online-Buchungen mit Verbindungen nach Aberdeen, Edinburgh und Glasgow **www.flybmi.com**

Wetter: Vorhersage für die nächsten fünf Tage mit großem Satellitenbild **www.scotlandonline.com/weather**

Währungsrechner: Umrechnung £ Sterling (GBP) in Euro und DM zum Tageskurs **www.oanda.com/converter/classic?lang-de**

WEBCAM

Edinburgh: Acht verschiedene Stadtansichten unter einer Adresse **www.camvista.com/scotland/edinburgh/index.php3**

Glasgow: Das Kameraauge hat den George Square im Blick **www.glasgow.gov.uk/html/about/wcindex.htm**

Isle of Skye: Die Cam auf dem Sligachan Hotel wechselt jede Minute ihre Perspektive **www.camvista.com/scotland/scenic/skye.php3**

Golfplatz von Gleneagles: Sonne oder Regen über den Greens des berühmten King's Course? **www.camvista.com/scotland/sports/gleneag.php3**

Loch Ness: Taucht Nessie aus dem Wasser auf? **www.camvista.com/scotland/scenic/lomond.php3**

VIRTUELLE REISEN

Gälisch: Vier Online-Lektionen mit Hörproben **www.smo.uhi.ac.uk/gaidhlig/ionnsachadh/bac**

Home Cooking: Klick auf den Ofen: Anleitung zum Backen von Best Bread **www.scotland.org**

Golf: Tee Time Scotland verschafft professionellen Zugriff auf Infos aller schottischen Golfplätze, inklusive Tipps für Hotels und B & Bs **www.teetimescotland.com**

House of Tartan: Wunschmuster für den Schottenrock durch einen interaktiven Webstuhl am Bildschirm **www.house-of-tartan.scotland.net**

Gruselurlaub: Welches Schloss hat einen Hausgeist? Suche nach Glamis Castle und weiteren **www.scotland2000.com/weeguides/index.htm**

Leuchttürme: Kurzbeschreibung mit Fotos der eindruckvollsten Leuchtfeuer **http://claymore.wisemagic.com/scotradiance/light.htm**

wwwhisky: Treffpunkt für Whisky-Liebhaber mit „Online-Tasting" und vielen Links **www. whiskynet.de**

ONLINE PORTALE

Scotland online: Veranstaltungskalender, Ausstellungen, Kleinanzeigen **www.scotlandonline.com**

The Herald: Glasgows Tageszeitung im Internet **www.theherald.co.uk**

The Scotsman: Edinburghs liberales Blatt mit Regional-Infos, Übernachtungs- und Restauranttipps **www.scotsman.com**

Suchmaschine: 7500 Schottland-Links, übersichtlich nach Rubriken sortiert **www.scotland.org**

➤ Sämtliche Links direkt zum Anklicken unter **www.merian.de/magazin**

www.merian.de

Das Portal mit Deutschlands größter Reisedatenbank zu 5000 Zielen weltweit. Speziell für Schottland: die Whisky-Lounge als Diskussionsforum für Freunde des Single Malt und der MERIAN-Shop mit ausgesuchten Flaschen zum Probierpreis.

MAGAZIN
Leseproben und Links zu den letzten Heften

EVENTS
Die besten Kultur- und Sportveranstaltungen in Europa

LOUNGE
Treffpunkt für Leser und User mit Tauschbörse von Heften, die nicht mehr im Handel erhältlich sind

SHOP
Sämtliche lieferbaren Hefte, Reiseführer und Produkte der MERIAN-Familie zum Bestellen

ARTIKEL UND TIPPS
der MERIAN-Redaktion zur ausgewählten Destination

TOP TEN
Die Highlights in Schottland oder an einem von 5000 weiteren Reisezielen

ORTE UND REGIONEN
Der Online-Reiseführer für ganz Schottland und die vorgelagerten Inseln

EMPFEHLUNGEN
Nur online: Literatur-, Musik- und Küchentipps sowie kommentierte Schottland-Links

LOUNGE
Das interaktive Forum: über Single Malt Whiskys diskutieren

KONTAKT
E-Mail-Adressen aller MERIAN-Abteilungen

HEFT
Das neueste MERIAN-Heft

MERIAN-ABO
Wer online Abonnent wird, erhält ein besonderes Dankeschön

MERIAN-SHOP
Der Likör zur Lektüre

MERIAN-FAMILIE
Der passende Reiseführer zur Region: 140 Titel MERIAN live!

nießen einen hervorragenden Ruf. Nur 16 Zimmer (E 9)

SEHENSWERT

MARY QUEEN OF SCOTS HOUSE
Jedburgh, Queen Street, April-Okt. Mo-Sa 10-16.30 Uhr, So 12-16.30 Uhr Museum, das die bewegte Lebensgeschichte von Maria Stuart nachzeichnet. 1566 verbrachte die Königin in dem Stadthaus erholsame Wochen

KELSO

Das pittoreske Städtchen (5550 Ew.) gehört zu den charmantesten Orten in den Borders. Zentrum ist der kopfsteingepflasterte Square mit dem eleganten Town House aus dem Jahre 1816 und pastellfarbenen Bürgerhäusern aus dem 18. und 19. Jh. (F 9)

ÜBER NACHT

SUNLAWS HOUSE HOTEL
Helton, an der A 698, Kelso TD5 8JZ, Tel. (015 73) 45 03 31, Fax 45 06 61, DZ ab 160 £, Amex, Diners, Euro, Visa Luxuriösestes Landhaushotel der Borders; jedes Zimmer mit Kamin. Gourmet-Gastronomie bei Kerzenschein, Beauty-Anwendungen, Tennis. Roxburghe-Golfplatz vor der Haustür (E/F 9)

SEHENSWERT

FLOORS CASTLE
Kelso, Roxburghe Estate, Ostern-Okt. tgl. 10-16.30 Uhr Schottlands größtes bewohntes Schloss ist reich ausgestattet. Obwohl nur ein kleiner Teil zu besichtigen ist, sind die Führungen interessant (E/F 9)

MELROSE

Die gemütliche Kleinstadt (2140 Ew.) mit kleinen Häuschen und viktorianischen Fassaden liegt am Fuße der Eildon Hills. Anfang September Melrose Music Festival.(E 8/9)

ÜBER NACHT

BURT'S HOTEL
Melrose, Market Square, Telefon (018 96) 82 22 85, Fax 82 28 70, E-Mail: burtshotel@aol.com, DZ ab 88 £, Amex, Euro, Diners, Visa Fast 300 Jahre altes Anwesen am Fuß der Eildon Hills. Hübsche Zimmer; üppige Mahlzeiten und Real Ales im Restaurant des Hotels

SEHENSWERT

ABBOTSFORD HOUSE
Abbotsford bei Melrose, Ostern bis Okt. Mo-Sa 10-17, Juni-Aug. auch So 10-17, März-Mai, Okt. So 14-17 Uhr Wohnhaus von Sir Walter Scott; nach seinen Ideen im schottischen Baronialstil gebaut. Wundervolle Bibliothek, skurrile Sammlerstücke wie Rob Roy's Gewehr, Bonnie Prince Charles Tasse und Maria Stuarts perlenbesetztes Kruzifix (E 9)

DRYBURGH ABBEY
Dryburgh, St. Boswells, April-Sep. Mo-Sa 9.30-18.30, So 14-18.30 Uhr Abteiruinen mit der Grabstätte von Sir Walter Scott (E 9)

HERMITAGE CASTLE
An der A7, April-Sep. Mo-Sa 9.30-18.30, So 14-18.30 Uhr Ruine einer Burganlage aus dem 14. Jh. (E 9)

THIRLESTANE CASTLE
Lauder, 16 km nördl. von Melrose, Mai-Sep. So, Mo, Mi, Do 14-17, Juli, Aug. So-Fr 14-17 Uhr, Park ab 12 Uhr Eines der ältesten schottischen Schlösser, im 13. Jh. als Burg errichtet und in der Zeit Queen Victorias zum Schloss umgebaut. Dokumentation des ländlichen Lebens (E 8)

MOFFAT

Im 17. Jh. zogen Schwefelquellen Kurgäste in dem einsam gelegenen Ort (2650 Ew.) an. Zwischen Moffat und Selkirk zaubern die Hügelkuppen der Southern Uplands elegische Szenerien. Ein Wanderweg vom Parkplatz des National Trust führt am Grey Mare's Way über bergige Hochmoore zu einem idyllischen Wasserfall und zum Loch Skene. (D 9)

ÜBER NACHT

WELL VIEW HOTEL
Ballplay Road, Moffat DG10 9 JU, Ballplay Road, Tel. (016 83) 22 01 84, Fax 22 00 88, DZ ab 86 £, Amex, Euro, Visa Kleines, gepflegtes Hotel mit hübschen, gut ausgestatteten Zimmern. Gutes Restaurant

SEHENSWERT

TWEEDHOPE SHEEP DOGS
Moffat, Hammerlands Farm, Ostern bis Okt. tgl. Vorführungen, Anmeldung Tel. (016 83) 22 14 71 Viv Billingham Parkes züchtet und trainiert Border Collies und demonstriert Besuchern die Fähigkeiten ihrer Schützlinge beim Schafehüten

PEEBLES

Ruhiges Landstädtchen (7100 Ew.) und einstiger Kurort am Mittellauf des Tweed in einer Wald- und Weidelandschaft. Westlich Needpath Castle, ein Wehrturm des 14. Jhs. (E 8)

ÜBER NACHT

CRINGLETIE HOUSE
Peebles EH45 8PL, Tel. (017 21) 73 02 33, Fax 73 02 44, DZ ab 130 £, Amex, Diners, Euro, Visa Familienhotel. Von allen Zimmern Blick auf die sanften Hügel der Borders

SEHENSWERT

DAWYCK BOTANIC GARDEN
Stobo, März- Okt. tgl. 10-18 Uhr Vor mehr als 300 Jahren wurden hier exotische Bäume aus Amerika, dem Himalaya und China gepflanzt. Ein wunderbares Arboretum

TRAQUAIR HOUSE
Innerleithen, Mitte April-Sep. tgl. 12.30-17.30, Juni-Aug. tgl. 10.30 bis 17.30, Okt. Fr-So 12.30-17.30 Uhr 27 englische und schottische Monarchen besuchten dieses von 1000-jähriger Geschichte geprägte Herrenhaus, das als ältestes ständig bewohntes Haus Schottlands gilt, eng mit der Geschichte der Stuarts verwoben ist und seit dem. 17. Jh. praktisch unverändert geblieben ist. Im Park Künstlerwerkstätten

PORTPATRICK

Pastellfarbene Häuser säumen die felsigen Klippen des 1200 Einwohner zählenden Fischerdorfs.(B 9)

DUDELSACKSPIEL

Dudelsack spielen gehört zu Schottland wie Tango tanzen zu Argentinien. Die hohe Kunst der schrillen Töne beschränkt sich freilich nicht auf Volkswaisen und Militärmärsche. Sie steht in der Tradition des Pibroch, einer klassischen Musikform, die im 17. Jahrhundert ihre Blütezeit hatte. Im Hochland und auf den Hebriden gab es damals Schulen, die ihre eigenen Stilrichtungen pflegten. Im 19. Jahrhundert verlor das Dudelsackspielen an Bedeutung, bis die Regimenter der Armee sich des Sackpfeifens annahmen.
Davy Garrett, ein ehemaliger Dudelsackmajor, unterhält die erste moderne, dem Instrument gewidmete Schule im Hochland. Die Achiltibuie Piping School bietet Kurse für alle Standards an. Einige der besten Sackpfeifer unterrichten Gruppen von nicht mehr als sechs Schülern. Jeder Kurs dauert eine Woche und kostet 300 £ inklusive Lunch und Abendessen. The Piping Centre in Glasgow bietet fünftägige Oster- und Sommerkurse an. Mit Übernachtung und Halbpension 365 £, ohne 100 £

ACHILTIBUIE PIPING SCHOOL Loan Cottage, Wester Ross, Tel. (018 54) 62 22 20, E-Mail: davy@highlandpiping.co.uk, www.highlandpiping.co.uk

THE PIPING CENTER 30-34 McPhater Street, Cowcaddens, Glasgow G4 0HW, Tel. (01 41) 353 02 20, Fax 353 15 73, E-Mail: ysamaon@thepipingcentre.co.uk, www.thepipingcentre.co.uk

ÜBER NACHT

KNOCKINAAM LODGE
Portpatrick, DG9 9AD, ausgeschildert ab Lochans, Telefon (017 76) 81 04 71, Fax 81 04 35, B&B ab 160 £, Amex, Euro, Diners, Visa Eines der schönsten Landhotels Schottlands. Sandbucht vor der Haustür, an drei Seiten von Klippen umgeben. Keller und Küche zählen zu den besten

CENTRAL LOWLANDS

Stirlingshire, Perthshire und Fife bieten weite sattgrüne Landschaften und einsame Bergstraßen, vitale Städtchen und einige der schönsten Schlösser und Landhaushotels.

ABERFELDY

An den südlichen Ausläufern der Grampian Mountains gelegen, ist der Ort Ausgangspunkt zum Loch Tay. Am Ostende des Sees liegt das denkmalgeschützte Dorf Kenmore mit Schottlands ältestem Gasthaus. (E 6)

ÜBER NACHT

INVERVAR LODGE
Glen Lyon, bei Aberfeldy, Perthshire PH15 2PL, Tel. (018 87) 87 72 06, Fax 87 72 23, E-Mail: invervar.lodge@ btinternet.com, DZ ab 66 £ Christoph und Sonja Seiler unterhalten ein idyllisch gelegenenes Haus mit schönen Zimmern und vegetarisch-veganische Küche. Ideal zum Wandern und Radfahren in Glen Lyon

CRIEFF

Wo sanftes Grün der Lowlands auf die Ausläufer der Grampian Mountains trifft, liegt der hübsche Marktflecken Crieff (5100 Ew.). (D 7)

ÜBER NACHT

GLENEAGLES HOTEL
Auchterarder, Perthshire PH3 1NF, Tel. (017 64) 66 22 31, Fax 66 21 34, www.gleneagles.com, DZ ab 260 £, Amex, Diners, Euro, Visa Ein Sporthotel ohne steifen Dress code. Golf auf drei Championship-Plätzen. Tennis, Wellnessbereich, Einkaufsarkade, Reitschule, Falknerei, mehrere Restaurants und Bars (E 7)

SEHENSWERT

DRUMMOND CASTLE GARDENS
Muthill, Crieff, Mai-Okt. tgl. 14-18, letzter Einlass 17 Uhr Terrassen- und Parterregärten, Statuen, Lauben, lauschige Ecken und eine Sonnenuhr, die von Charles I., dem Baumeister, angelegt wurde. Einer der schönsten Gärten Europas

GLENTURRET DISTILLERY
zwischen Crieff und Comrie, März-Dez. Mo-Sa 9.30-18, So 12-18 Uhr Die älteste Destillerie des Landes ist auch die meistbesuchte; sechs Brenner erzeugen mit dem weichen Wasser des Loch Turret 400 000 Liter Whisky pro Jahr

DUNKELD

Am River Tay ducken sich die weißen, denkmalgeschützten Häuser und kleinen Läden von Dunkeld (270 Ew.) im Schatten einer mächtigen Kathedrale. In der Nähe die Wasserfälle „Rambling Bridge". (E 6)

ÜBER NACHT

KINNAIRD
Kinnaird Estate, bei Dunkeld, Perthshire PH8 0LB, Tel. (017 96) 48 24 40, Fax 48 22 89, DZ ab 260 £ Amex, Diners, Euro, Visa. Neun große Zimmer für Gäste in dem privaten Herrenhaus. Schottische nouvelle cuisine.

Der Bidean nam Bian, 3766 Fuß, ein Munro im „Tal der Tränen"

MUNROS

284 von Schottlands Hügeln sind höher als 3000 ft (914 m). Sie alle werden „Munro" genannt, nach Sir Hugh Munro, der sie Ende des 19. Jahrhunderts auflistete, und üben eine magische Anziehungskraft auf Schotten aus.
Wer alle bestiegen hat, darf sich „Munroist" nennen und im Archiv des Scottish Mountaineering Clubs registrieren lassen. Ehrgeizige Munroisten erklimmen 24 Munros in 24 Stunden oder alle in 66 Tagen. Die meisten Gipfel sind leicht zu erobern, trotzdem ist eine gute Bergausrüstung unverzichtbar. Von Nov.-Mai drohen Stürme und Lawinen. Am höchsten ist der Ben Nevis (1343 m). Zu den schönsten Munros zählt Lurg Mhor in den nördlichen Highlands. Der Cuillin auf der Isle of Skye ist schwieriger zu bewältigen. Die Cairngorms im Osten hingegen ziehen sich über weiche Abhänge und riesige Plateaus hin und dienen Rentieren, Schneehühnern und arktischen Vögeln als Lebensraum.
Fernwanderwege: Southern Upland Way von Küste zu Küste (340 km), West Highland Way von Glasgow bis Fort William (153 km) und Speyside Way entlang des Speys (68 km).

BUCHTIPPS: Cameron McNeish: THE MUNROS: SCOTLAND'S HIGHEST MOUNTAINS, Lomond Books 1998, 10 £

Sir Hugo T. Munro/ Derek Bearhop: MUNRO'S TABLES, SCOTTISH MOUNTAINEERING CLUB & TRUST 1997, 15, 95 £

Preiswerter und familienfreundlich: die Kinnaird Cottages auf dem weitläufigen Gelände

SEHENSWERT

GLAMIS CASTLE
südlich von Kirriemuir, März-Okt. 10.30 bis 17.30, Juli, Aug. ab 10 Uhr Das von vielen Turmspitzen gekrönte Märchenschloss zählt zu den meistbesuchten Schlössern Schottlands. Prunkvolle Gemächer und mittelalterliche Gruft (E 6)

EAST NEUK

➤ **s. Die schönsten Küstenorte**
An der Forth Road Bridge beginnt die Fife Coastal Tourist Route. Sie führt durch Fischerorte mit schiefen Katen und kleinen Giebelhäusern, die beliebte Aufenthalte für Künstler und Golfer geworden sind. (E/F 7)

ÜBER NACHT

CRAW'S NEST
Anstruther, Bankwell Road, Fife KY10 3DA, Tel. (01333) 310691, Fax 312216, DZ ab 185 £, Amex, Diners, Euro, Visa Im alten Heringshafen mit tollem Blick über den Firth of Forth (F 7)

SMUGGLER'S INN
Anstruther, High Street, Fife KY10 3DQ, Telefon (01333) 310506, Fax 312706, DZ ab 59£, Amex, Diners, Euro, Visa Historisches Pub mit kuscheliger Lounge und hübschen Zimmern

MUSEUM

SCOTTISH FISHERIES MUSEUM
Anstruther, Harbourhead, April-Okt. Mo-Sa 10-17.30, So 11-17 Uhr Geschichte des Wal- und Heringsfangs

THE TROSSACHS

Die „Highlands en miniature" sind mit Heidekraut bedeckt und von blau schillernden Lochs durchwirkt. Sie erstrecken sich zwischen Aberfoyle im Süden, Loch Katrine im Westen, Ballquhidder im Norden und Callander im Osten, das zugleich als Tor zu den Trossachs gilt Sir Walter Scott machte die Region mit seiner romantisch verklärten „Lady of the Lake" berühmt. Radsportler finden ausgezeichnete Radwege.

SEHENSWERT

LOCH KATRINE
Wie ein Spiegel reflektiert der See Wolken, Wälder, Inseln und Berge. Man umrundet ihn mit dem Rad (Fahrradverleih in Pier Head) oder wählt die bequeme Tour mit dem historischen Dampfschiff „Sir Walter Scott". Fahrplanauskünfte unter Tel. (01877) 376316 (D 7)

LOCH LOMOND
Von den vielbesungenen „Bonnie banks of Loch Lomond" bekommt man höchstens am Ostufer einen Eindruck – hier gibt es idyllische Buchten und fantastische Ausblicke über die vielen bewaldeten Inseln, die auf Rundfahrten von Balmaha zu erreichen sind (C/D 7)

PERTH

Liebenswerte Provinzhauptstadt (42000 Ew.), in der das Leben ebenso gemächlich dahinzufließen scheint wie der River Tay (E 7)

ÜBER NACHT

PARKLANDS HOTEL
Perth, 2 St. Leonard's Bank, Perthshire PH2 8EB, Tel. (01738) 622451, Fax 622046, DZ ab 79 £, Amex, Diners, Euro, Visa Zentral am South Inch Park gelegen, hell und großzügig. Frühstück im Wintergarten

SEHENSWERT

SCONE PALACE
nordöstl. von Perth an der A 93, April-Okt. tgl. 9.30-17 Uhr Mehr als vier Jahrhunderte war Scone Residenz der schottischen Könige. Hinter der neugotischen Palastfassade ist die exquisite Sammlung vor allem französischer Kunstgegenstände zu bewundern, darunter Marie Antoinettes intarsiengeschmückter Schreibtisch und eine wundervolle Porzellansammlung (E 7)

ST. ANDREWS

(➤ **s. Die schönsten Küstenorte)**

ÜBER NACHT

ASLAR HOUSE HOTEL
St. Andrews, 120 North Street Fife KY16 9AF, Telefon (01334) 473460, Fax 477540, www.aslar.com, DZ 62 £ Nettes 4-Sterne-B&B im Zentrum. Freier Internetzugang für die Gäste (E/F 7)

RUFFLETS COUNTRY HOUSE HOTEL
St. Andrews, Strathkinnes Low Road, Fife KY16 9TX, Tel. (01334) 472594, Fax 478703, www.rufflets.co.uk, DZ ab 172 £, Amex, Diners, Euro, Visa Vier Kilometer außerhalb von St. Andrews liegt das gepflegte Anwesen mit preisgekröntem Garten. Lunch und Dinner im Gartenrestaurant

MUSEUM

BRITISH GOLF MUSEUM
Bruce Embankement, April-Okt. tgl. 9.30-17,30 Uhr, www.britishgolfmuseum.co.uk Alles, was man schon immer über Golf wissen wollte

STIRLING

Vitale, um einen steilen Felsen gruppierte einstige königliche Residenzstadt (36700 Ew.) der Stuarts am River Forth. Festungsburg im Renaissancestil aus dem 16. Jh. (D 7)

ÜBER NACHT

CROMLIX HOUSE
Kinbuck bei Dunblane, Perthshire FK15 9JT, Tel. (01786) 822125, Fax 825450, DZ ab 170 £, Amex, Diners, Euro, Visa Landhaus mit Liebe zum Detail und einer Prise Exzentrik, edwardianische Räume und Suiten. Tagsüber geht man Lachs angeln oder wandern, abends wird hervorragend gekocht.

SEHENSWERT

STIRLING CASTLE
Stirling, April-Sep. tgl. 9.30-18 Uhr Die Burg in strategisch bedeutender Lage war Residenz vieler Stuartmonarchen; Maria Stuart verbrachte hier die ersten vier Jahre ihres Lebens. Ein Spazierweg führt an der westlichen Seite des Burgberges hinauf zur Esplanade der grauen, nicht eben einladend wirkenden Burg, die man auch über den steilen Castle Wynd erreichen kann. Eine ausführliche Renovierung ist abgeschlossen, die Burg wieder zugänglich

DIE HIGHLANDS

Gut zwei Drittel Schottlands zählen zu den Highlands. Als geographische Grenze zieht sich der „Highland Boundary Fault" vom Firth of Clyde (Glasgow) im Westen bis hoch nach Aberdeen an der Ostküste. Die Highlands wiederum sind wie mit dem Lineal durch den 400 Mio. Jahre alten Great Glen getrennt – Loch Ness ist einer der drei Seen, die sich in der tiefen Kerbe gebildet haben. Die von atlantischen Einflüssen geprägten nordwestlichen Highlands zählen zu den einsamsten und ursprünglichsten Regionen Schottlands. Die Grampian Mountains südlich des Great Glen sind eine touristische Hauptattraktion – hier warten Schlösser- und Burgenromantik, der Whisky-Trail und Landschaften, die schon Queen Victoria verzückten.

ABERDEEN

Aberdeen, Zentrum der Ölindustrie, gelingt es nicht, aus dem Schatten der Städte Edinburgh und Glasgow zu treten. Der moderne Lebensmittelpunkt der 200000 Einwohner zählenden Stadt befindet sich rechts und links der Union Street, die das Zentrum wie eine Achse in westöstlicher Richtung durchschneidet. Zwei Kilometer nördlich der Stadtmitte beginnt das unter Denkmalschutz stehende Old Aberdeen, das bis ins 19. Jh. eine eigenständige Stadt war; die ältesten Häuser sind fast 500 Jahre alt. (G 6)

Bahnlinien in Schottland
©MERIAN-Kartographie
Atlantischer Ozean
Nordsee
Orkney Islands
Lewis
Minch
Thurso
Wick
Moray Firth
Dingwall
Inverness
Aberdeen
Kyle of Lochalsh
Loch Ness
Skye
Mallaig
Fort William
Dundee
Oban
Mull
Crianlarich
Firth of Forth
Edinburgh
Glasgow
Schottland
Newcastle
Carlisle
0 90 km
West Highland Lines
Far North Line
Kyle Line

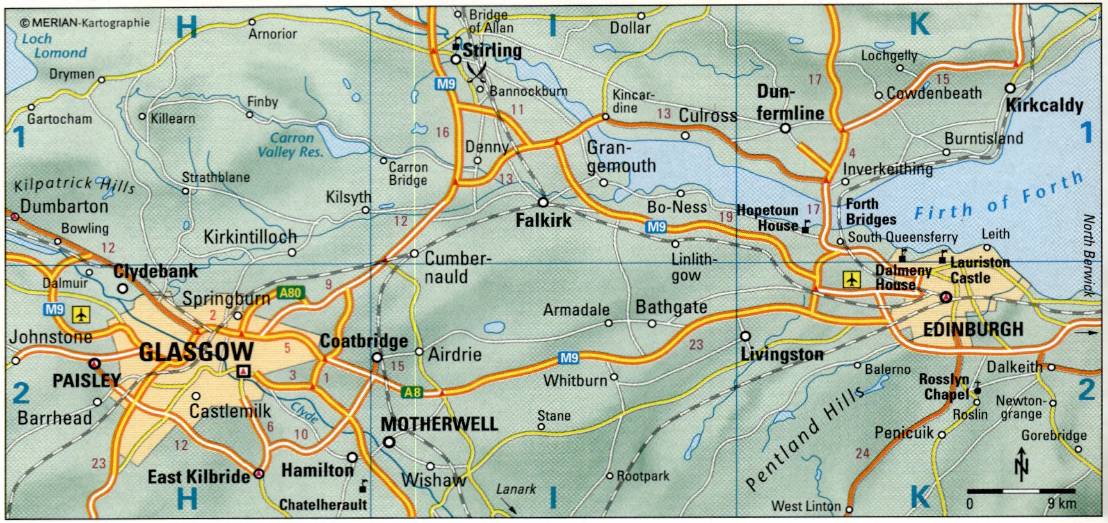

©MERIAN-Kartographie
Loch Lomond
Drymen
Gartocham
Killearn
Arnorior
Finby
Carron Valley Res.
Strathblane
Kilpatrick Hills
Dumbarton
Bowling
Dalmuir
Clydebank
Kirkintilloch
Kilsyth
Carron Bridge
Springburn
Johnstone
PAISLEY
GLASGOW
Barrhead
Castlemilk
Clyde
East Kilbride
Hamilton
Chatelherault
Coatbridge
Airdrie
MOTHERWELL
Wishaw
Lanark
Cumber-nauld
Bridge of Allan
Stirling
Bannockburn
Denny
Falkirk
Gran-gemouth
Kincar-dine
Dollar
Culross
Dun-fermline
Bo-Ness
Linlith-gow
Armadale
Bathgate
Whitburn
Stane
Rootpark
Livingston
Hopetoun House
Forth Bridges
South Queensferry
Inverkeithing
Firth of Forth
Lochgelly
Cowdenbeath
Burntisland
Kirkcaldy
Leith
Dalmeny House
Lauriston Castle
EDINBURGH
Balerno
Pentland Hills
Rosslyn Chapel
Roslin
Dalkeith
Newton-grange
Gorebridge
Penicuik
West Linton
North Berwick
0 9 km

Atlantischer Ozean
Nordsee
North Channel
Grampian
Tayside
Central
Fife
Lothian
Borders
Strathclyde
Dumfries & Galloway
Southern Uplands
ENGLAND
GLASGOW
EDINBURGH
DUNDEE
Perth
Stirling
Dunfermline
Kirkcaldy
St. Andrews
Arbroath
Montrose
Stonehaven
Oban
Greenock
Paisley
Kilmarnock
Ayr
Stranraer
Dumfries
CARLISLE
NEWCASTLE UPON TYNE
SUNDERLAND
Gateshead
Durham
Berwick-upon-Tweed
Workington
Hadrian's Wall
Mull
Jura
Islay
Kintyre
Arran
Firth of Forth
Firth of Clyde
Solway Firth
Isle of Man
siehe unten stehende Nebenkarte
Shetland Islands
Lerwick
Atlantischer Ozean
Schottland
Irland
Wales
England
Frankreich
Nord-see
6
7
8
9
10
A
B
C
D
E
F
G

ÜBER NACHT

ARDOE HOUSE
Blairs, South Deeside Road, Aberdeen AB1 5YP, 5 km westl. vom Zentrum, Tel. (012 24) 86 73 55, Fax 86 12 83, Diners, Euro, Visa Charmantes Landhaushotel im schottischen Baronialstil mit vielen Türmchen. Die besten Zimmer liegen im Haupthaus

CRAIGLYNN HOTEL
36 Fonthill Rd., Aberdeen AB11 6UJ, Tel. (012 24) 58 40 50, Fax 21 22 25, DZ ab 60 £, Amex, Diners, Euro, Visa Familiengeführtes kleines Hotel in zentraler Lage. Viktorianisches Ambiente, hübsch hergerichtete komfortable Zimmer

RESTAURANTS

THE COURTYARD
1 Alford Lane, Tel. (012 24) 21 37 95, Di-Sa 12-14.30, 18.30-22 Uhr, Hauptgerichte ab 8 £, Amex, Euro, Visa Aberdeens beliebtestes Gourmet-Restaurant mit mediterraner Küche. Preiswerter ist das Bistro Martha's Vineyard im Tiefparterre

SILVER DARLING
Pocra Quay, Footdee, Tel. (012 24) 57 62 29, Mo-Fr 12-14, 19-22, Sa 19 bis 22 Uhr, Hauptgerichte ab 8 £, Amex, Diners, Euro, Visa Im ehemaligen Zollhaus wird frischer Fisch mit französischem Fingerspitzengefühl zubereitet. Reservieren!

MUSEUM

ABERDEEN ART GALLERY
Schoolhill, Mo-Sa 10-17, So 14-17 Uhr, Eintritt frei Bedeutende Gemäldesammlung (18.-20. Jh.) mit Portraits von Hogarth, Raeburn, Ramsay und Reynolds sowie Werke von Monet, Pissaro, Rossetti, Renoir, Turner, Bonnard u. a. Umfangreich ist auch die Sammlung zeitgenössischer Kunst. Café im Haus

THEATER/OPER/KONZERT

THE LEMON TREE
5 West North Street, Tel. (012 24) 64 22 30 Der Nightlife-Hotspot: Jazz-Club, Café, Theater in einem, mehrere Bühnen. Live-Konzerte, Sonntag Nachmittag Jazz

THE GRAMPIAN HIGHLANDS

Die Grampian Highlands, Aberdeens Hausberge, sind das Erholungsgebiet der granitglänzenden Metropole.

TOUREN

DER CASTLE TRAIL
Der Castle Trail bildet einen 240 km langen Rundkurs von und bis Aberdeen. Er verbindet sechs Schlösser und drei Herrenhäuser; blau-weiße Hinweisschilder markieren die Route. Zum Castle Trail gibt es eine detaillierte Karte vom Scottish Tourist Board

DIE HIGHLAND TOURIST ROUTE
Die mit dem braun-weißen Symbol der Distel ausgeschilderte Highland Tourist Route führt von Aberdeen in die landwirtschaftliche Region um die Marktstadt Alford und folgt dem River Don in die mit Heidekraut bewachsenen Hügel der Cairngorm Mountains bis Tomintoul, Schottlands höchstgelegenem Ort.

DER COASTAL TRAIL RICHTUNG NORDEN
Highlights der mehr als 300 Kilometer langen Strecke von Aberdeen nach Wick entlang sind das interessante Lighthouse Museum in Fraserburgh sowie das entzückende Fischerdörfchen Pennan (➤ s. Die schönsten Küstenorte)

SHOP

JOHNSTONS OF ELGIN
Elgin, New Mill, Mo-Sa 9-17.30, Eintritt frei Spezialist für Kaschmir, feinste Wollstoffe und Strickwaren. Stündlich Führungen durch die Textilfabrik, wobei alle Fertigungsstufen vom Garn zum fertigen Kleidungsstück verfolgt werden können. Im Visitor Centre ist die 200-jährige Geschichte des Betriebes dokumentiert. Café und ein gut bestückter Factory Shop

INVERARAY

Hübsches Dorf (400 Ew.) mit weiß gekalkten Häusern aus dem 18. Jh. Im Schloss, bereits 1746-58 errichtet, sind der Speisesaal (meisterhafte Kassettendecke) sowie die Waffenkammer bemerkenswert (C 7)

RESTAURANT/PUB

FERNPOINT HOTEL
am Pier, Hauptgerichte ab 5 £ Biergarten am Wasser, im gediegenen Restaurant abends solide Hausmannskost. Lebhaft und voll: die Jacobite Bar

MUSEUM

INVERARAY JAIL
April-Okt. 9.30-18 Uhr Das Gefängnismuseum ist interessant. Amüsant, wenn sich vermeintliche Puppen in den alten Zellen plötzlich bewegen

SEHENSWERTES IN DER UMGEBUNG

AUCHINDRAIN TOWNSHIP
Furnace, an der A 83, April-Sept. tgl. 10-17 Uhr Das in den 60er Jahren verlassene 1000-jährige Dorf ist ein Freilichtmuseum, in dem Lebens- und Arbeitsweise der Hochländer in früheren Jahrhunderten lebendig werden. In der Nähe: die idyllischen, um eine dicht bewaldete Schlucht angelegten Crarae Gardens (tgl. 9-18 Uhr)

KILCHURN CASTLE
an der A 819/B 8077 Loch Awe ist mit 41 km Schottlands längster See, gefolgt von Loch Ness (37 km) und Loch Lomond (36 km). Die felsige Nordküste wird von einer Burgruine aus dem 15. Jh. überragt. Bootsfahrten mit Fischern (C 6)

PITLOCHRY

Kurort im viktorianischen Stil (2200 Ew.). Im hübschen Tummel Valley gelegen, ist die Kleinstadt Tor zu den Highlands. Zwischen Mai und Oktober Theaterfestival, im September Highland Games. (E 6)

ÜBER NACHT

ATHOLL PALACE
Atholl Road, Pitlochry, Perthshire PH16 5LY, Tel. (017 96) 47 24 00, Fax 47 30 36. E-Mail: info@athollpalace.co.uk, www.athollpalace.co.uk, DZ ab 100 £, Amex, Euro Traditionsreiches, erstklassiges Schlosshotel in einem riesigen Parkgelände, Panoramablick auf Pitlochry (➤ s. S. 12)

ROYAL DEESIDE

Das von Aberdeen nach Braemar Richtung Westen verlaufende Tal des Dee wurde durch Queen Victoria bekannt. Ballater, Balmoral Castle, die hübsche Destillerie Royal Lochnagar sowie Braemar, Schauplatz des Royal Highland Gathering im September, sind die wichtigsten Ziele. Braemar ist Ausgangspunkt zu den Cairngorm Mountains, einer Wanderregion im Quellgebiet des Dee. Grandiose Ausblicke von der A 93 von Glenshee, Schottlands Skigebiet, in südlicher Richtung nach Perth auf runde, endlos weite Hügelkuppen. (F 6)

RESTAURANT

THE GREEN INN
Ballater 9, Victoria Rd., Tel. (01 33 97) 557 01, Mo-Sa 19-21.30, So 12-14, 19-21 Uhr, Hauptgerichte ab 9 £, Euro, Visa, Reservierung empfohlen Kleines feines Restaurant, raffinierte Variationen von Wildlachs und Aberdeen Angus Beef

INVERNESS

Die Hauptstadt (41 000 Ew.) des Hochlands, jahrhundertelang Ort vieler kriegerischer Auseinandersetzungen, ist von Gebäuden des 19. Jhs. geprägt. Hier mündet der von zahlreichen Skippern befahrene Caledonian Canal, der die Nordsee mit dem Atlantik verbindet. Die nördliche Uferstraße des Loch Ness führt von Drumnadrochit über Glen Urquhart (A 831) ins Glen Affric, ein herrliches Wandergebiet. Inverness ist Ausgangspunkt für Touren in den Norden und an die spektakuläre Westküste des Landes. Reizvoll ist die große Küstentour um den nördlichen Archipel, die im Westen mit Assynth und Torridon die bezauberndsten Regionen der Highlands erschließt. (D/E 4)

ÜBER NACHT

BUNCHREW HOUSE HOTEL
Bunchrew, Inverness IV3 6TA, Tel. (014 63) 23 49 17, Fax 71 06 20, DZ ab 110 £, Amex, Euro, Visa, www.bunchrew-inverness.co.uk Herrschaftliches Landhaus aus dem 17. Jahrhundert, idyllisch zwischen Wäldern und der Küste des Beauly Firth gelegen. Elf luxuriöse Suiten. Gute Küche

GLEN MHOR HOTEL
9-12 Ness Bank, Inverness IV2 4SG, Telefon (014 63) 23 43 08, Fax (014 63) 71 31 70, DZ ab 110 £, Amex, Diners, Euro, Visa Aus schönen Zimmern wunderbare Ausblicke auf Fluss, Burg und Kathedrale. Aufmerksamer Service

SEHENSWERT

BALNAIN HOUSE
Inverness, 40 Huntly Street, April-Okt. Mo-Fr 10-20, Sa, So 10-18 Uhr Das „Home of Highland Music" ist ein Klangmuseum. Besucher dürfen sich auf dem Dudelsack versuchen. Im Sommer finden fast jeden Abend Ceilidhs und Konzerte statt

CULLODEN BATTLEFIELD
Culloden Moor (Richtung Flughafen) Feb.-Okt. tgl. 9-18 Uhr Sprödes Heideland, auf dem 1746 der Jakobitenaufstand niedergeschlagen wurde. Visitor Centre mit audiovisueller Dokumentation (E 4/5)

CAWDOR CASTLE
16 km nordöstlich von Culloden an der B 9090, Mai-Okt., tgl. 10-17.30 Uhr Shakespeare machte das Schloss zum literarischen Schauplatz des Mordes an König Duncan durch Macbeth (1040). Damit siegte die Fiktion über die Wirklichkeit: Das Castle wurde erst im 14. Jh., 200 Jahre nach dem Mord, gebaut. Es wurde im 16. und 17 Jh. erweitert

TAIN

Die kleine Stadt (4100 Ew.) mit den whiskyfarbenen Sandsteinhäusern ist der älteste königliche Burgplatz Schottlands und Standort der historischen Glenmorangie-Destillerie. (E 4)

ÜBER NACHT

GLENMORANGIE HOUSE
Cadboll, Fearn, bei Tain, Rosshire IV20 1XP, Tel. (01862) 87 16 71, Fax 87 16 25, E-Mail: relax@glenmorangieplc.co.uk, www.glenmorangie.com, DZ ab 120 £ Das „Highland Home" der Glenmorangie-Destillerie, ein luxuriöses Countryhouse, bietet Platz für 18 Gäste. Whiskytastings im Buffalo Room, der gemütlichen Lounge. Drei Cottages eignen sich hervorragend für Familien

FORT WILLIAM

Der Ferienort (10 800 Ew.) ist Ausgangspunkt für Ausflüge im Westen. Der Ben Nevis, Großbritanniens höchster Berg, ist in einer Tagestour zu besteigen. Auf den benachbarten Aonach Mor führt eine Seilbahn. Blick bis zur Hebrideninsel Rhum, an klaren Tagen bis nach Irland (C 5)

PLOCKTON

(➤ s. Die schönsten Küstenorte)

ROAD TO THE ISLES

(➤ s. Die schönsten Autotouren)

ÜBER NACHT

CLACHAIG INN
Glencoe, Ballachulish, Argyll PA39 4HX, Telefon (018 55) 81 12 52, Fax 81 16 79, DZ ab 56 £, Euro, Visa Einziges Hotel im Tal, erbaut auf der Stätte eines großen Clan-Massakers. Einfach, gemütliches Pub mit Livemusik

FEORAG HOUSE
Halbinsel Ardnamurchan, Glebborrodale Acharacle, Argyll PH36 4JP, Tel. (019 72) 50 02 48, Fax 50 02 85, DZ ab 70 £, Euro, Visa Bezauberndes Hideaway mit drei Gästezimmern, nah am Atlantik gebaut im äußersten Westen von Argyll

RESTAURANT

THE CRANNOG
Fort William, Town Pier, Tel. (013 97) 70 55 89, tgl. 12-14.30 Uhr, 18-22 Uhr, Hauptgerichte ab 6 £, Euro, Visa Di-

rekt am Wasser. Hausgeräucherte Forellen, köstliche Bouillabaisse. Unbedingt reservieren!

ULLAPOOL

Das Fischerdorf (1000 Ew.) mit den hübschen weißen Häuschen wurde 1788 zur großen Zeit des Heringsfischfangs von der British Fishery Society am geschützten Meeresarm des Loch Broom gegründet. Im Fischereihafen herrscht auch heute noch reger Betrieb. Yachthafen, Angeltouren, Ausflüge an die Westküste, Autofähre nach Stornoway. (D 3)

ÜBER NACHT

ALTNAHARRIE INN
Ullapool, Loch Broom, Rosshire IV26 2SS, Tel. (018 54) 63 32 30, B & B mit Dinner 165 £ p.P., Euro, Visa Auf einer kleinen Insel im Loch Broom. Die Gäste müssen auf Telefon am Bett und Fernseher im Zimmer, zur Nachtzeit sogar auf elektrisches Licht verzichten. Ideal zum Abschalten

THE CEILIDH PLACE ULLAPOOL
West Argyle Street, Rosshire IV26 2GY, Telefon (018 54) 61 21 03, Fax 61 28 86, DZ ab 60£, Amex, Euro, Visa Nicht nur Hotel, sondern auch Coffe Shop, Pub, Restaurant, Musikbühne, Buchladen und Galerie: Ceilidh Place ist tagsüber wie abends der vitale Treffpunkt der Stadt. Internationales Publikum

THE OLD SMIDDY GUEST HOUSE
Laide, Gairloch, Wester Ross IV22 2NB, Telefon (01 44 59) 73 14 25, Fax 73 14 25, DZ ab 60 £ Kleines idyllisches Domizil mit drei Gästezimmern in der Nähe der Inverewe Gardens. Beeindruckende Westküsten-Szenerie mit Bergen und Meer. Opulentes schottisches Frühstück, auch fürs Abendessen erste Adresse (C 3)

SEHENSWERT

INVEREWE GARDENS
Poolewe, tgl. 9.30 bis zur Dämmerung Eine Artenvielfalt von mehr als 2500 Pflanzen garantiert in diesem 25 Hektar großen Landschaftsgarten Farbenpracht zu jeder Jahreszeit. Die warme nordatlantische Strömung sorgt hier für ein außergewöhnliches Mikroklima

SHOP

HIGHLAND STONEWARE
Ullapool, North Road Kunstvolle Töpferarbeiten in großer Auswahl

LOCHINVER

(➤ s. Die schönsten Küstenorte)

RESTAURANT

LOCHINVER LARDER
Main Street, Telefon (01571) 84 43 56, Hauptgerichte ab 4 £ Lachssteak, Krabben in Zitronen-Ingwerbutter, Heilbuttfilet – preiswertes Schnellrestaurant mit frischem leckeren Fisch

OBAN

Die lebhafte Hafenstadt (7500 Ew.) ist wichtigster Fährhafen von Caledonian MacBryne und Sprungbrett in die Inselwelt der Hebriden. Am Argyll Square können sich Besucher in der „Room to Roam"-Ausstellung über die 16 wichtigsten Hebrideninseln informieren. (C 6)

ÜBER NACHT

THE AIRDS HOTEL
Port Appin, Argyll PA38 4DF, Tel. (016 31) 73 02 36, Fax 73 05 35, DZ ab 110 £, Amex, Euro, Visa Um 1700 ein Fährgasthaus, heute ein Relais & Chateau-Hotel. Edel ausgestattete Zimmer, Wintergarten. Panoramablick über Loch Linnhe, die Insel Lismore und die Morverns-Berge

TAYCHREGGAN
Kilchrenan, bei Taynuilt, Argyll PA35 1HQ, Tel (018 66) 83 32 11, Fax 83 32 44, www.taychregganhotel.co.uk, DZ ab 130 £ In wunderschöner Lage am Loch Awe. Vielen Auszeichnungen für Ambiente und Küche

ORKNEY-INSELN

Die Inselgruppe erstreckt sich mehr als 80 Kilometer weit in die Nordsee. Schnellste Anfahrt vom Festland von John o'Groats nach South Ronaldsay. Die alte Bischofsstadt Kirkwall ist seit etwa 900 Jahren Hauptstadt der Inselgruppe und bester Ausgangspunkt für Inselerkundungen in alle Richtungen. Nur 17 der 67 Inseln sind besiedelt, ihre Bewohner bearbeiten fruchtbares Farmland oder leben von der Fischerei. Prähistorische Stätten, nordisches Flair und herrliche Küstenwanderwege machen den besonderen Zauber Orkneys aus. Mainland Orkney, die Hauptinsel, ist mit dem Auto auf guten Straßen zu erkunden; Überfahrten auf die umliegenden Inseln sollten einen Tag im Voraus gebucht werden. (F/G 1/2)

ÜBER NACHT

ALBERT HOTEL
Kirkwall, Mounthoolie Lane, Orkney KW15 1JZ, Tel. (018 56) 87 60 00, Fax 87 53 97, DZ ab 76 £, Amex, Euro, Visa Freundliches Hotel in zentraler Lage mit modern ausgestatteten Zimmern, gemütliche Bar

BALFOUR CASTLE
Shapinsay, Balfour Village, Orkney KW17 2DY, Tel. (018 56) 71 12 82, Fax 71 12 83, 6 Zimmer, DZ ab 188 £, Euro, Visa Fürstliches, doch familiäres Bed & Breakfast in einem von Wäldern umgebenen viktorianischen Prunkschloss; im geschützten Walled Garden gedeihen Gemüse, Beeren und Spalierobst

STROMNESS HOTEL
Stromness, Orkney KW16 3AA, Tel. (018 56) 85 02 98, Fax 85 06 10, DZ ab 78 £, Euro, Visa Flaggschiff der Hotellerie Orkneys – hinter der viktorianischen Fassade verbergen sich modernisierte Zimmer mit etwas altmodischem Mobiliar. Schöner Meerblick

RESTAURANT

THE CREEL
South Ronaldsay, St. Margaret's Hope, Front Road, Tel. (018 56) 83 13 11, April-Sept. tgl. 19-21 Uhr, Hauptgerichte ab 16 £ Orkneys bestes Fischrestaurant liegt am Wasser. Geräucherte Fischsuppe, in Cider gekochte Muscheln, orkadischer Fischeintopf, dazu Scapa-Whisky. Unbedingt reservieren!

SEHENSWERT

ITALIAN CHAPEL
South Ronaldsay, April-Sept. tgl. 9 bis 22 Uhr Anrührendes, von italienischen Kriegsgefangenen mit geringsten Möglichkeiten erbautes Kirchlein

MAES HOWE
Mainland, an der A 965, April-Sep. tgl. 9.30-18.30 Uhr Marodierende Wikinger hinterließen in dem prähistorischen Kammergrab ihre Graffiti: „Haakon schaffte den Schatz aus diesem Hügel" oder „Ingeborg ist die Schönste"

RING OF BRODGAR
Stenness, Mainland Fast fünf Meter hoch sind die größten der tonnenschweren Monolithen, die zu einem Steinkreis aufgestellt wurden

SKARA BRAE
Mainland, an der B 9056, April-September tgl. 9.30-18.30 Uhr 5000 Jahre altes Steinzeitdorf, Orkneys bedeutendste Sehenswürdigkeit. Viele Relikte aus dem häuslichen Leben sind erhalten, die freigelegten Kammern mit steinernem Mobiliar (Betten, Regale) verblüffen. Neues Besucherzentrum

MUSEUM

FARMHOUSE MUSEUM
Mainland, Kirbuster (Nähe A 986), April-Oktober tgl. 10.30-17 Uhr, So 14-17 Uhr Orkadisches Bauernhaus mit Torffeuer

AKTIV

HOY
Spektakulärer Wanderweg (5 km) von Rackwick (Anfahrt mit dem Auto) am Meer entlang zum Old Man of Hoy: An der 138 m hohen Felsnadel aus rotem Sandstein, die wie ein Totempfahl aus dem Wasser ragt, genießen Wanderer, Maler, Fotografen den wunderbaren Ausblick und ein Picknick im Heidegras

SHOPS

SHEILA FLEET JEWELLERY
Mainland Orkney, Tankeress (Nähe Flughafen), Mo-Sa 9-17 Uhr Ausgefallene keltische Designs in Silber

JUDITH GLUE
Kirkwall, 25 Broad Street Hochwertiger Silberschmuck, Kunsthandwerk, Strickpullis, viele mit keltisch inspirierten Mustern

THE WORKSHOP
South Ronaldsay, St. Margaret's Hope, Back Rd. Kunsthandwerker-Kooperative im Zentrum. Töpferwaren, Schmuck und handgestrickte Pullis

SHETLAND-INSELN

Überfahrt von Aberdeen nach Shetland (ca. 14 Std.). Die etwa 100 Inseln des Shetland-Archipels liegen etwa auf der Höhe der Südspitze Grönlands. Im Sommer ist es bis gegen Mitternacht hell. Birdwatcher und Naturliebhaber finden eine reiche Fauna – zu den einigen Dutzend Seevögeln gehören u.a. Papageientaucher und Eissturmvögel. Die Eiszeitgletscher haben tief gekerbte Fjorde zurückgelassen, braune Moore dominieren das sommerliche, baumlose Bild der Inseln; karibikblaue Wellen schlagen an die schönen Sandstrände. Die Ölfunde in der Nordsee haben Shetland zu wirtschaftlichem Aufschwung verholfen. Mainland Shetland, die Hauptinsel, ist problemlos mit dem Auto zu befahren, Fähren erschließen die umliegenden Inseln. Für Tagestrips in die Einsamkeit Shetlands ist die hübsche Inselhauptstadt Lerwick (7000 Ew.) der beste Ausgangspunkt. (A/B 9/10)

IAN HAMILTON FINLAY

1925 auf den Bahamas geboren, Schulbub in Glasgow, Schäfer auf Orkney – der naturverbundene Selfmade-Poet Finlay wurde besonders mit seinen fragmentarischen, bisweilen auf ein einziges Wort reduzierten Gedichten zum Protagonisten schottischer Poesie im 20. Jahrhundert. In der Idylle seines verwunschenen Skulpturenparks Little Sparta, den er 1966 zu gestalten begann, schuf der Bildhauer Finlay Kontraste, die auch seine Wortwelt beherrschen. Natur und Härte, Duft und Stein, Wildnis und Revolution. Die metaphorischen Botschaften liegen etwa 35 km südwestl. von Edinburgh in Dunsyre, nahe Lanark. (A702 nach Dolphinton. ca. 1,5 km nach Dunsyre). Öffnungszeiten Mitte Juni-Mitte Sep. Fr, So 14-17 Uhr, Eintritt frei

Aus zwei Hektar Grünland machte Finlay seinen Garten der Künste

MERIAN-Straßenkarte
SCHOTTLAND
Grenze Schottland/England
Autobahn
Fernverkehrsstraße
Hauptstraße
Nebenstraße
Entfernung in Kilometer
Fährverbindung
UNESCO-Welterbe
Sehenswürdigkeit Natur
Castle, Ruine
Abtei, Ruine
Schlachtfeld
Flughafen
Flugplatz
Naturpark
Hadrian's Wall (nur noch in Abschnitten vorhanden)
© MERIAN-Kartographie
0
30 km
N
Outer Hebrides
Inner Hebrides
Orkney Islands
Highlands
Grampian Mountains
Sutherland
Caithness
Wester Ross
Easter Ross
North West Highlands
Lewis
Skye
The Minch
Little Minch
Sea of the Hebrides
Moray Firth
Pentland Firth
Stornoway
Ullapool
Inverness
Thurso
Wick
Fort William
Aviemore
Elgin
Nairn
Fraserburgh
Peterhead
Kirkwall
Portree
Shetland Is. (siehe Nebenkarte unten links)

FORUM FÜR WHISKYFREUNDE

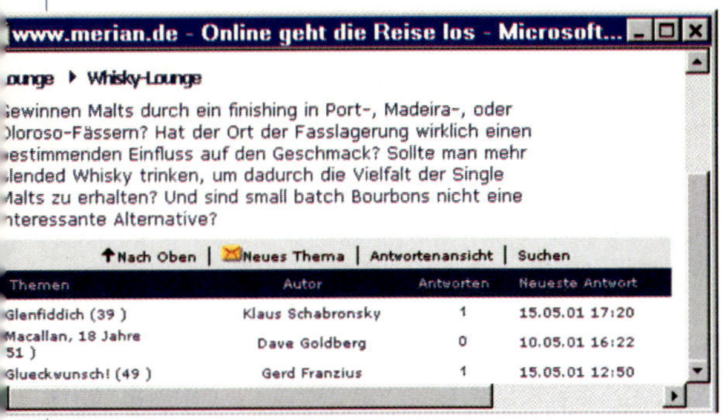

Bereits vor Erscheinen des Heftes hatten MERIAN-User die Wahl im Web. Ergebnis der Umfrage „Welches ist Ihr schottischer Lieblingswhisky?“: Grain Whisky 6,4%, Blended Whisky 21%, Singe Malt Whisky 72,6%.

Ein Auszug aus dem Forum:
Peter Murdalla: „Am liebsten sind mir die Single Malts von den schottischen Inseln, die schmecken nach Meer, etwas nach Seetang. Meine Lieblingssorte: der 10 Jahre alte Laphroaig. Bei dem kratzt die raue See am Gaumen.“
Mehr unter **www.merian.de/lounge**

ÜBER NACHT

BURRASTOW HOUSE
Walls ZE2 9PD, Tel. (015 95) 80 93 07, Fax 80 92 13, DZ ab 176 £, Euro, Visa Intimes Anwesen für hohe Ansprüche und privater Pier. Bio-Dinner bei Kaminfeuer und Kerzenschein

BUSTA HOUSE HOTEL
Brae ZE2 9QN, A 970 ca. 40 km nördl. von Lerwick, Tel. (018 06) 52 25 06, Fax 52 25 88, DZ ab 91 £, Amex, Diners, Euro, Visa Gepflegtes Gutsherrenhaus aus dem 18 Jh., Luxus in aller Einsamkeit

GLEN ORCHY HOUSE
Lerwick ZE1 0AX, 20 Knab Road, Tel./Fax (015 95) 69 20 31, keine Karten, DZ ab 66 £ Ruhiges B & B mit hohem Standard in Hafennähe

RESTAURANTS

BUSTA HOUSE HOTEL
(➤ s. Hotels) Mo-Sa 12-14 Uhr, Restaurant tgl. 18.30-21.30, So 12-14 Uhr, Hauptgerichte 10-27 £ Herzhafte Snacks (panierte Krabben mit Knoblauchdip) werden in der Lounge, 5-Gänge-Menüs (Lachs im Blätterteigmantel mit Ingwerbutter) im Restaurant serviert

PIERHEAD RESTAURANT & BAR
Lower Voe, Tel. (018 06) 58 83 32, tgl. 12-21 Uhr Snacks, Lunch 12-14, Dinner ab 18 Uhr, Hauptgerichte 6-15 £ Shetlands bekanntestes Fischlokal in einem alten Pub am Meer. Probieren: „Seafood platter“ mit Muscheln, Krabben, Hering und Weißfisch. Reservieren!

SEHENSWERT

FAIR ISLE
Die „Insel der Schafe“ liegt zwischen Shetland und Orkney, befindet sich seit 1954 im Besitz des National Trust for Scotland und ist ein (Zug-)Vogelparadies. Papageientaucher lassen sich hier bereits aus zehn Meter Nähe beobachten. Einfache Kost und Logis gibt es in der Fair Isle Lodge ab 120 £ pro Woche, Tel. (015 95) 76 02 58

JARLSHOF
Sumburgh, April-Sept. Mo-Sa 9.30-18.30, So 14-18.30 Uhr Siedlung neolithischer Rundhäuser, Langhäuser der Wikinger und ein Gutshaus aus dem 16. Jh. Im Museum werden die Ausgrabungen und ihre jeweiligen Epochen ausführlich erläutert

AKTIV

UNST
In der Hermaness National Nature Reserve können Wanderer über offene Moorlandschaften zum Muckle Flugga, dem nördlichsten Leuchtturm Schottlands, spazieren. 1854 wurde er vom Vater des Schriftstellers Robert Louis Stevenson erbaut. Die Karte in Stevensons „Schatzinsel“ ähnelt erstaunlich der Silhouette von Unst

SHOPS

SHETLAND TIMES
Lerwick, Prince Alfred Street Buchshop mit guter Spezialliteratur über Shetland (Wandern, Vögel, Blumen, Archäologie etc.)

SHETLAND WOOLEN COMPANY
Scalloway, Castle Street Echte Shetlandpullis. Die Designs sind vorwiegend schlicht und schön

LITERATUR

Dorothea Fröhlich-Kretzschmar, Schottland, MERIAN classic, Gräfe und Unze Verlag, München 1999, 19.90 DM/11.50 7 Kultur und Genuss, stehen im Vordergrund. Gute Tipps zu Hotels und Restaurants

Peter Irvine, Scotland the Best, Harper Collins Publishers, Glasgow 1999, 12.99 £ Das Standardwerk für Schottlandreisende mit hunderten unverzichtbaren Tipps eines souveränen Insiders. Nur die Benutzerführung ist grauenhaft

Baedeker Allianz Reiseführer, Schottland, Mairs Geogr. Vlg., 39.80 DM/20.35 7 Kultur und Hintergrund in bewährter, zuverlässiger Qualität

Renate Kostrzewa, Achim Kostrzewa, Schottland mit England und Wales, BLV, München, 32 DM/16.36 7 Fachkundiger Naturführer, der Flora und Fauna umfassend behandelt. Idealer Wander-Begleiter

Peter Sager, Schottland, DuMont Verlag, Köln 2000, 49.90 DM/25.50 7 Der Autor ist ein Meister der Recherche und der Erzählkunst. Sein umfangreicher Kunstreiseführer zählt zu den Schottland-Klassikern

Theodor Fontane, Jenseits des Tweed, Aufbau Verlag, Berlin 1999, 17.90 DM/9.15 7 Literarischer Reisebericht aus dem 19. Jh. Vergnüglich zu lesen, immer noch aktuell

Dorothea Fröhlich-Kretzschmar *ist Reisejournalistin und Verfasserin von Reiseführern.*

KONTAKTE

Karten aus MERIAN-Heften sind unter Telefon (089) 450 00 72 72 oder E-Mail: geomatics@ipublish.de zu beziehen

BILDNACHWEIS

o=oben, u=unten, r=rechts, l=links, Titel: John Lawrence/Stone; S. 3 o Gerald Hänel/GARP, m Jordis Schlösser/Ostkreuz, u Thomas Gebhard, lu Ogando; S. 4 o G. Hänel/ GARP, lm Ralf Gantzhorn, lu James King Holmes/SPL/ Agentur Focus, rm Gwenael Berthy, ru Peter Rigaud; S. 5 Jan Kopp; S. 6 o Bill Roberton /Still Moving, m National Museum of Scotland, Appletree/ Book of the Backpipe; u AKG; S. 8 o Catherine Karnow, r S. J. Taylor/Still Moving, l Robert G. Hall/Schiffer Publishing Ltd.; S. 10 Patrick Schwalb/Jahreszeiten-Verlag; u Paisley Museum and Art Gallery/ Paisley Patterns; S. 12-28 J. Schlösser/ Ostkreuz; S. 33, 34 und 35 lo Cinetext, ro Jauch & Scheikowski; S. 36-49 G. Hänel/GARP; S. 52 Markus Dlouhy; S. 52/ 53 P. Rigaud; S. 54 Arthur F. Selbach; S. 55 Gregor Lengler; S. 56 Dlouhy; S. 57 Selbach; S. 58 o Axel M. Mosler, u Leo McPherson; S. 60-67 Max Lautenschläger; S. 68/69 Fond: Leo de Wys/Graham Lawrence; S. 69 lo action press/Rex Features, ro Christopher Simon Sykes, ul action press/ All Action, ur action press/ Rex Features; S. 70 lo und lu Schlösser, rm Steve Vidler/Leo de Wys; S. 71 Gwenael Berthy (9), J. Schlösser (4); S. 72 J. Schlösser; S. 73 u Andrew Macpherson; S. 74/75 Doug Corrance/ Still Moving; S. 76/77 l, m, r Schlösser, u Harvey Wood/Still Moving; S. 78-85 G. Lengler; S. 87 Catherine Karnow; S. 88-99 G. Lengler; S. 101 Klaus Walters/action press; S. 102-109 P. Rigaud; S. 111 l Philippe Plailly/Eurelios/ SPL/Agentur Focus, r Roddy Field; Seite 112 W.A. Ritchie/Roslin Institute/Eurelios/SPL/ Agentur Focus; Seite 112/113 Murdo McLeod; S. 118/119 Jörg Modrow/VISUM; S. 120/121 l Heinz Wohner/Look, r und m Klaus Bossemeyer/Bilderberg; Seite 122/123 Roger Hutchings/Network/Agentur Focus; S. 124 Dlouhy; S. 124/125 Wohner; S. 125 Wohner; S. 126/127 Axel M. Mosler; Seite 128 Garry Yeowell/Stone; S. 130 Robert Leslie; S. 131 Hartmut Krinitz/ laif; S. 132 Lengler; S. 133 Toma Babovic/ Das Fotoarchiv; S. 134 James Philip Nelson/TCS; S. 142 David Robertson/ Still Moving; S. 144 Doug Corrance/ Still Moving, S. 146 lo John Lawrence/stone, ro Guido Mangold, m Wilfried Bauer, lu Franz Killmeyer, ru Antonina Gern.

IMPRESSUM

Gegründet 1948 im HOFFMANN UND CAMPE Verlag zu Hamburg
Herausgeber: Manfred Bissinger
Chefredakteure:
Emanuel Eckardt, Wolf Thieme
Stellvertretende Chefredakteurin:
Gesa Engelschall
Textchef: Otmar Jenner
Art Directorin: Andrea Hinrichs
Chef vom Dienst: Tibor M. Ridegh
Redakteure: Barbara Baumgartner, Kathrin Sander, Charlotte von Saurma, Helga Thiessen
Redakteur dieses Heftes:
Thomas Gebhardt
Heftkonzeption: Thomas Gebhardt, Charlotte von Saurma
Dokumentation: Imke Edzard, Jasmin Wolf
Mitarbeit: Catharina Dufft
Layout: Dorothee Schweizer (stellvertr. Art Directorin), Ingrid Koltermann, Cornelia Böhling, Katharina Holstein
Bildredaktion: Eva M. Ohms, Hanni Rapp
Kartographie: Peter Münch
Verlagsleitung: Peter Rensmann
Objektleitung: Karsten Heyer
Herstellung: Heidrun Seven
Gesamt-Anzeigenleitung (verantw.):
Roberto Sprengel
Anzeigenleitung: Christel Janssen
Anzeigenstruktur: Patricia Hoffnauer
Vertriebsleitung: Stefan Zastrutzki (Zeitschriftenhandel), Jan Wiesemann (Buchhandel)

MERIAN erscheint monatlich im JAHRESZEITEN-VERLAG GMBH, Poßmoorweg 5, 22301 Hamburg, Tel. 040/ 27 17-0, Fax 040/27 17-20 56. Anschrift der Redaktion: Harvestehuder Weg 42, 20149 Hamburg, Postfach 13 04 44, 20139 Hamburg, E-Mail: Redaktion@Merian.de · Tel. 040/441 88-0 · Fax: 441 88-310 · Website: www.merian.de · **Leserservice: Postfach 60 15 40, 22215 Hamburg, Tel. 01 80/5 11 01 10, Fax 040/ 27 17-20 79** · Gültige Anzeigenpreisliste: Nr. 37a · Das vorliegende Heft Juli 2001 ist die 7. Nummer des 54. Jahrgangs · Diese Zeitschrift und die einzelnen Beiträge und Abbildungen sind urheberrechtlich geschützt. Jede Verwertung außerhalb der engen Grenzen des Urheberrechtsgesetzes bedarf der Zustimmung des Verlages · Keine Haftung für unverlangt eingesandte Manuskripte und Fotos · Preis im Abonnement monatlich 12,45 DM inklusive Zustellung frei Haus · Der Bezugspreis enthält 7% Mehrwertsteuer · Kündigungen 6 Wochen zum Ende des Bezugsquartals · Postgirokonto Hamburg 299453-202 (BLZ 200 100 20) · Vereins- und Westbank AG, Hamburg, Konto-Nummer 2/16 739 (BLZ 200 300 00) · Führen in Lesemappen nur mit Genehmigung des Verlages · Printed in Germany · Litho: Alphabeta Druckformdienst GmbH, Hamburg. Druck und Verarbeitung: heckel GmbH, Nürnberg.
ISBN: 3-7742-6607-7

MERIAN (USPS No. 011-458) is published monthly. The subscription price for the USA is $110 per annum. K.O.P.: German Language Publications, Inc., 153 South Dean Street, Englewood NJ 07631. Periodicals postage is paid at Englewood NJ 07631, and at additional mailing offices. Postmaster: send address changes to: MERIAN, German Language Publications, Inc., 153 South Dean Street, Englewood NJ 07631.

VORSCHAU

Erbaut zu Ehren der Götter und des Pharao: der Tempel von Abu Simbel

DIE THEMEN: Nilkreuzfahrt – von Luxor nach Assuan • Die Söhne des Ramses – Ausgrabung im Tal der Könige • Party am Roten Meer – Sharm el Sheikh • Kairo – Liebeserklärung an einen Moloch • Die Wüste lebt – Besuch in der Oase Baharija • Pyramiden – Gräber für die Ewigkeit • Katharinenkloster und Berg Sinai – wo Moses die Zehn Gebote empfing

Das Kaffeehaus: Ort der Ruhe und Tradition im hektischen Kairo

Mit Perlenkette und Handtasche: Souad Salah, Frau und Mufti. Das neue Gesicht des Islam

Paradies am Roten Meer: Dahab, Stadt der Aussteiger und Pauschaltouristen

Die zuletzt erschienenen Ausgaben

Die folgenden Ausgaben

Berlin
Ligurien
Madrid